VAMOS MÁS
PROFUNDO

VAMOS MÁS PROFUNDO

J. LEE GRADY

EDITORIAL DESAFÍO

Contenido

¿Cómo utilizar este estudio?

BIEN SEA QUE HAYAS decidido seguir a Jesucristo recientemente o que lleves tiempo de cristiano y desees volver a familiarizarte con las verdades básicas de tu fe, me entusiasma que emprendas el viaje para estudiar este libro.

Vamos más profundo está diseñado para equiparte e inspirarte en tu relación con Dios. Se divide en treinta breves lecciones que cubren todas las creencias fundamentales del cristianismo. Puedes leer este libro solo si así lo prefieres, pero será aún más significativo si lo estudias en la compañía de un pequeño grupo de creyentes.

Mi objetivo es que este libro construya una base espiritual sólida en tu vida y te ayude a crecer en tu relación con Jesús. La Biblia compara a los nuevos cristianos con bebés, que necesitan alimento y cuidados. El apóstol Pedro dijo a sus discípulos: "Desead, como niños recién nacidos, la leche pura de la palabra, para que por ella crezcáis para salvación" (1 Pedro 2:2).

Si quieres crecer como discípulo de Jesús debes tener hambre espiritual. Debes "anhelar la leche pura de la palabra". Si te acercas a este estudio apasionadamente, Dios satisfará tu deseo y te revelará Su verdad. Lee con cuidado cada lección, estudia los versículos bíblicos, y responde las preguntas al final de cada lección. Además, si estás realizando este estudio en compañía de un grupo pequeño, puedes usar la pregunta "Hablemos al respecto" al final de cada lección como plataforma para estimular la conversación.

Asegúrate de leer también las breves biografías de personajes bíblicos al inicio de cada lección. Se llaman "Héroes de nuestra fe". La Biblia está llena de historias de personas comunes que fueron transformadas porque conocieron al Señor y lo siguieron. Vivieron hace mucho tiempo, pero sus vidas siguen siendo un ejemplo para nosotros. Sus experiencias te inspirarán y aportarán algunos antecedentes útiles sobre los principales personajes de las Escrituras.

El proceso de crecimiento espiritual se llama discipulado. ¡Bienvenido a ese proceso! Mientras estudias, oras, y discutes lo que estás aprendiendo en *Vamos más profundo* vas a obtener un conocimiento más profundo de Jesús, y Él te cambiará de adentro hacia afuera. Para que tu viaje sea más exitoso tengo algunas sugerencias:

Consigue una buena Biblia de estudio. Entenderás mejor las Escrituras si cuentas con una traducción moderna, como la New American Standard Bible, la Nueva Versión Internacional, o la Nueva Traducción Viviente. Las traducciones más antiguas, como la King James Version, (en español, Reina Valera RVR 1960), son útiles en el estudio de la Biblia, pero resultan difíciles de entender para los lectores modernos. Considera la posibilidad de adquirir una Biblia de estudio que contenga notas útiles a pie de página, para poder profundizar en las Escrituras.

Pide ayuda a un mentor. No intentes resolverlo todo por ti mismo. El Señor proveerá el acompañamiento de cristianos maduros, que pueden ofrecerte guía, instrucción y oración. También compartirán la sabiduría que les ha sido dada a lo largo de años de seguir a Jesús. Si tienes un mentor, invítalo a hacer este estudio bíblico contigo, y pide su ayuda cuando surjan preguntas.

Únete a una iglesia sana. Jesús nunca pretendió que le siguiéramos solitariamente. Nos invita a formar parte de una comunidad en la que nos amemos y animemos unos a otros. La Biblia compara la Iglesia con una familia. Crecerás más rápido cuando permitas que tus padres, madres, hermanos y hermanas cristianos caminen en estrecha comunión contigo. Encuentra una iglesia donde la Biblia sea enseñada fielmente y donde experimentes un amor fuerte y maduro entre sus miembros. Este amor te proporcionará un ambiente saludable para crecer.

Antes de comenzar asegúrate de haber puesto tu fe en Jesús. Puede que al empezar este estudio te des cuenta de que aún no has dado el paso inicial: seguir a Jesús. No retrases esta importante decisión. De hecho, puedes tomarla ahora mismo. Te animo a que abraces hoy el asombroso amor de Dios y recibas la salvación que solo Jesús puede ofrecerte. He aquí cuatro pasos que puedes dar para comenzar tu relación con Dios.

1. **Reconoce tu necesidad.** La Biblia nos dice que "todos pecaron y están destituidos de la gloria de Dios" (Romanos 3:23). Todos nosotros somos pecadores, y debemos admitir nuestra nececidad del Salvador.

2. **Arrepiéntete de tus pecados.** Debido a que Dios es absolutamente santo y nosotros somos pecadores, nuestros pecados levantan un muro que nos separa de Dios. Al confesar tus pecados y apartarte de ellos, encontrarás el perdón. Arrepentirse significa dar un giro de 180 grados. La Biblia promete: "Si confesamos nuestros pecados, Él es fiel y justo para perdonar nuestros pecados y limpiarnos de toda maldad" (1 Juan 1:9).

3. **Cree en Jesús.** Dios obró un milagro cuando envió a su único Hijo a morir para que pudiera pagar por todos nuestros pecados. Pon tu fe en Él y cree en Su poder para salvarte. La Biblia dice: "Porque de tal manera amó Dios al mundo, que ha dado a su Hijo unigénito, para que todo aquel que en él cree no se pierda, sino que tenga vida eterna" (Juan 3:16).

4. **Recibe Su salvación.** Dios nos ha dado este don gratuito, pero aun así debemos aceptarlo. Agradécele por enviar a Jesús a morir en la cruz por ti. Agradécele por Su asombroso amor, misericordia y perdón. Entonces, invítalo a vivir en tu corazón. Su promesa para nosotros es clara: "Pero a todos los que le recibieron, a todos les dio potestad de ser hechos hijos de Dios" (Juan 1:12).

Si has dado los cuatro pasos, puedes decir esta oración:

Señor Jesús, gracias por morir en la cruz por mí. Reconozco que Tú eres el verdadero Hijo de Dios, enviado a la tierra para pagar el precio completo de todos nuestros pecados. Creo que resu-

citaste de entre los muertos y que vives para siempre en el cielo. Tú eres Dios Todopoderoso, y me someto a Tu señorío. Lamento haber vivido mi vida apartado de Ti. Por favor, perdóname por pensar que mi vida podría tener verdadero sentido sin Ti, mi Creador y Señor.

Dejo atrás mis pecados y elijo seguirte. Por favor, lávame y entra en mi corazón. Te entrego todas mis heridas, mis miedos, mi falta de perdón, mi orgullo, mi avaricia, y toda la basura de mi pasado. Gracias porque puedo empezar de nuevo mi vida contigo. Amén.

La Biblia nos asegura: "Si confiesas con tu boca a Jesús como Señor, y crees en tu corazón que Dios lo levantó de entre los muertos, serás salvo" (Romanos 10:9). Si hiciste esta oración, puedes tener la confianza de que has nacido de nuevo y ahora formas parte de la familia de Dios. ¡Cuéntale a alguien más lo que Jesús ha hecho en tu vida, y acompáñame en este viaje para profundizar en tu relación con Cristo!

ABRAHAM

Vio a Jesús de lejos

Abraham vivió hace miles de años, durante un tiempo oscuro en que la gente adoraba los ídolos. Sin embargo, Dios buscó una relación con este hombre, que era conocido como Abram cuando el Todopoderoso lo llamó por primera vez para que abandonara la tierra de Ur (en la actual Irak) y se dirigiera a una tierra extraña llamada Canaán, que ahora es Israel. Dios le dijo a Abram que le daría muchos descendientes para que se convirtiera en el fundador de una nueva nación, la cual honraría al único y verdadero Dios.

A Abram le costó creer en la promesa de Dios, —pero Dios terminó complacido con la fe de su siervo. Abram llegó a ser conocido como un "amigo de Dios" (Santiago 2:23). El Señor incluso cambió su nombre por el de Abraham, que significa "padre de una multitud de naciones" (Génesis 17:5), y sus hijos se convirtieron en los pioneros de la nación hebrea.

La Biblia nos dice que Dios reveló a Abraham cosas que sucederían miles de años después. Le ordenó que tomara a su único hijo, Isaac, y lo sacrificara en la cima de una montaña. Abraham tenía la intención de obedecer al Señor, pero Dios le impidió matar a su hijo, y en su lugar proporcionó un carnero para el sacrificio necesario. A través de esta inusual situación, Dios le reveló a Abraham que un día Él sacrificaría a su propio Hijo, Jesucristo, para pagar por nuestros pecados.

A Abraham se le estaba mostrado un anticipo del asombroso plan de salvación de Dios. Es por eso que Gálatas 3:8 dice: "Dios [...] anunció de antemano el evangelio a Abraham". Debe haber entendido, al menos parcialmente, que un día Dios perdonaría a su pueblo por sus pecados. De hecho, Jesús dijo: "Vuestro padre Abraham se alegró al ver mi día, y lo vio, y se gozó" (Juan 8:56). Tal es la razón por la que Abraham es conocido como el padre de nuestra fe. Fue la primera persona de la historia en creer que un día el Padre enviaría a Jesús para salvarnos.

LECCIÓN 1

Perfecto y Todopoderoso

La asombrosa naturaleza del Dios verdadero

SI PRONUNCIAS la palabra "Dios" ante un grupo de personas, suscitarás una amplia gama de emociones y respuestas. Algunos se oponen rotundamente a la idea de que exista cualquier clase de Dios en el universo; son *ateos*, insisten en que Dios es un concepto perteneciente al terreno de la ficción. Otras personas son *agnósticas*, lo que significa que aceptan la idea de un Dios, pero no creen que se preocupe por la gente, o que le interese conocernos.

Para otros, Dios es más una fuerza enigmática que emana de los árboles, rocas, animales, e incluso los edificios. Y están los *politeístas*, personas que creen que múltiples dioses actúan detrás de bastidores para ayudar o perjudicar a la gente. Consideran que estos dioses trabajan de manera misteriosa a través de ídolos de piedra, amuletos, cristales, montañas, la luna, las estrellas, o el sol.

En contraste, los cristianos creen que hay un Dios verdadero, que se sienta en el trono del universo. Aunque este Dios no se puede ver, Su gloria es evidente en la majestuosidad de su creación, y amablemente invita a la gente a conocerlo y adorarlo. Nos muestra su bondad al enviarnos lluvia, sol, buenas cosechas y muchas otras bendiciones. Nos enseña su belleza y creatividad al darnos águilas majestuosas, tigres temibles, monos graciosos, cachorros juguetones, hojas doradas en otoño, flores en primavera, copos de nieve, truenos, frutas deliciosas, estrellas que resplandecen en la noche, más de un millón de especies de insectos, y el aroma de las rosas, piñas de pino, gardenias y abetos.

Es difícil contemplar la desconcertante diversidad de la creación y no concluir que Alguien mucho más inteligente que tú y yo hizo esta tierra. Sin embargo, hay quienes se niegan a creer en Dios porque no pueden verlo. Y muchos ateos piensan que la creación, con todo su orden, maravillas y belleza, se produjo solo por accidente.

Cuando elegimos creer en Dios y servirle, aunque sea invisible, ejercemos lo que la Biblia llama *fe*. Hebreos 11:6 explica esto diciendo:

> *Y sin fe es imposible agradarle, porque el que se acerca a Dios debe creer que Él existe, y que es galardonador de quienes le buscan.*

Este Dios tan personal también es descrito como el Creador de todo el universo, y es digno de toda la alabanza y el honor de la gente del mundo. Por ser nuestro Creador y el sustentador de la vida, Él tiene derecho a gobernarnos y a esperar obediencia.

En el primer capítulo de la Biblia leemos el relato de cómo Dios creó la tierra, las galaxias, el sol y la luna, los océanos, la atmósfera, y toda vida animal y vegetal. También leemos que Dios tuvo especial cuidado en crear a las primeras personas, infundió su propio aliento en ellos y los hizo "a su imagen" (Génesis 1:27). La historia de la creación nos muestra que Dios anhela una relación especial con los seres humanos. Nos hizo para que pudiéramos tener una estrecha comunión con Él.

La Biblia describe la naturaleza de Dios de muchas otras maneras:

- Es "Dios Todopoderoso", lo que significa que tiene todo el poder (Génesis 17:1).

- Es "eterno", es decir que existe desde siempre, sin principio (1 Timoteo 1:17).

- Es "inmortal", lo que implica que no tendrá fin (1 Timoteo 1:17).

- Es "invisible", con lo cual se nos dice que es espíritu (1 Timoteo 1:17).

- Es "el único Dios", lo que significa que cualquier otro "dios" no se compara con Él (1 Timoteo 1:17).

La Biblia también dice que Dios conoce todas las cosas (1 Juan 3:20), que Él es la fuente de toda sabiduría (Proverbios 2:6, CEV), y que es omnipresente (Salmos 33:13–14; 139:7–10) —lo que significa que puede estar en todas partes al mismo tiempo. Dios es tan grande que tiene muchos nombres. En la Biblia se le llama "Padre", "Rey",

"Dios Altísimo, "Señor Dios Todopoderoso, "Dios Eterno", "Juez de toda la tierra" y muchos otros títulos (véase Romanos 8:15; 1 Timoteo 1:17;Salmos 78:35; Apocalipsis 4:8, MEV; Génesis 21:33 y 18:25).

Podríamos suponer que personas extremadamente inteligentes, como los científicos, nunca reconocerían que creen en Dios. Sin embargo, si estudiamos la historia, descubriremos que algunos de los científicos más famosos eran creyentes. Por ejemplo, el matemático británico Isaac Newton (1643–1727), quien sentó las bases de la física moderna, dijo lo siguiente: "El Dios verdadero es vivo, inteligente, y poderoso;… es supremo, o supremamente perfecto. Es eterno e infinito, omnipotente y omnisciente, es decir, perdura de eternidad en eternidad, y está presente de infinito en infinito; Él gobierna todas las cosas, y conoce todas las cosas que suceden o pueden suceder"[1].

Se nos invita a adorar y honrar a este Dios infinito, pero Él no nos obliga a seguirle como robots. Nos da la libertad de elegir si vamos a creer y confiar en Él. Aunque es excelso y todopoderoso, anhela una relación cercana y amorosa con cada uno de vosotros. Por eso 1 Juan 4:8 dice: "Dios es amor".

Hace miles de años Dios llamó a un judío llamado Moisés para que fuera a Egipto y liberara a los esclavos hebreos de su cautiverio. Moisés sabía que Dios era real, pero no sabía cómo identificarlo. Por eso le dijo a Dios: "Ahora puede que me pregunten, '¿Cuál es su nombre?'. ¿Qué les contestaré?" (Éxodo 3:13). Dios respondió: "YO SOY EL QUE SOY" […] así dirás a los hijos de Israel: "YO SOY me ha enviado a vosotros" (v. 14). Este nombre, YO SOY EL QUE SOY, revela la naturaleza de nuestro gran Dios. Él es todopoderoso y eterno; siempre ha existido y siempre existirá.

El nombre YO SOY EL QUE SOY se traduce "Yahweh" en hebreo, y más tarde, en inglés, se llegó a pronunciar a veces "Jehová". También en inglés es traducido como "Lord" más de seis mil veces en la Biblia. Los caracteres hebreos utilizados para deletrear la palabra Yahweh, YHWH, son tres formas de la palabra que significa "ser". Así que la palabra se puede traducir como "Él era, Él es, Él será". Vemos, de este modo, que el nombre de Dios describe su naturaleza eterna. Yahweh también denota su presencia continua con su pueblo.[2] Él no está separado de nosotros. No es un Dios distante. ¡Está cerca!

Dios desea vivir en medio de su pueblo en una relación cercana. Aunque es todopoderoso y está entronizado en la gloria del cielo, Él se hace accesible y disponible para quienes lo aman. Este Dios todopoderoso se inclina, con una humildad asombrosa, para poder ayudarnos, salvarnos, perdonar nuestros pecados, consolarnos, liberarnos, hablarnos, y estar con nosotros.

En todas las demás religiones del mundo, se suele describir a Dios como un ser indiferente y sin interés en las personas; un juez estricto y sin compasión; o una fuerza impersonal y mágica. El verdadero Dios de la Biblia no es ninguna de esta cosas. Es un Ser Supremo, amoroso y personal que quiere mostrar su incomprensible amor a las personas que creó a Su imagen. 1 de Juan 3:1 dice que Dios es un Padre bueno que ama a sus hijos: "Mirad cuán grande amor nos ha concedido el Padre, para que seamos llamados hijos de Dios".

El propósito de la vida es conocer y comprender el amor de Dios por nosotros, y en realidad nos tomará la eternidad llegar a comprenderlo. Dios nos invita a conocerle. Nos dice: "Amarás al Señor tu Dios con todo tu corazón, con toda tu alma y con todas tus fuerzas" (Deuteronomio 6:5). Él bendice a todos los que responden a Su invitación.

VAMOS MÁS **PROFUNDO**

¿Qué puedes aprender de Dios a partir de los siguientes versículos?

1. Salmos 103:13

____

2. Salmos 97:9

____

3. Apocalipsis 4:8

____

4. Isaías 40:28

____

5. Isaías 33:22

____

6. Lee 1 Timoteo 1:17. ¿Qué objetivos utilizó el apóstol Pablo para describir la naturaleza de Dios?

____

HABLEMOS AL RESPECTO

¿Qué dirías a un ateo para convencerle de que Dios realmente existe?

Versículo para memorizar

Digno eres Tú, Señor nuestro y Dios nuestro, de recibir la gloria y la honra y el poder; porque Tú creaste todas las cosas, y por Tu voluntad llegaron a existir, y fueron creadas.

—Apocalipsis 4:11

MOISÉS

Transmitió la Ley

Antes de que el Padre enviara a Jesús para salvarnos, tuvo que mostrarnos que no podíamos salvarnos a nosotros mismos. Llamó a un hombre judío para que abandonara su cómoda vida en Egipto y pudiera aprender los caminos de Dios en el desierto. Moisés llegó a estar más cerca de Dios que cualquier otra persona en los tiempos del Antiguo Testamento. Vio la gloria de la presencia de Dios, escuchó su portentosa voz y obedeció Sus órdenes. Y Dios usó sobrenaturalmente a Moisés para sacar al pueblo judío de la esclavitud en Egipto.

Luego que Moisés condujera a los judíos a la libertad en el desierto del Sinaí, Dios le dio Su santa Ley, junto con planes muy detallados de cómo la gente podía acercarse a Él en adoración. La Ley, que incluía los diez mandamientos, era increíblemente estricta, y las regulaciones para la adoración requerían que cada persona trajera animales para el sacrificio. Sin embargo, estos rituales sangrientos no tenían poder real para limpiar a nadie del pecado. Eran solo anticipos proféticos de cómo Jesús nos limpiaría un día mediante el derramamiento de su propia sangre.

Desde mucho antes, Moisés fue el instrumento para mostrar a la gente que necesitamos un Salvador. Aunque Moisés era un hombre humilde y piadoso, no era perfecto. Ninguna persona puede ser perfecta a este lado del cielo. Hacia el final de su vida, Moisés se enfadó y desobedeció uno de los mandamientos de Dios, por lo cual se le prohibió entrar en la tierra prometida. Su fracaso nos muestra que seguir una lista de reglas no puede salvarnos. La lista simplemente nos recuerda la necesidad del hombre de salvarse de sus pecados.

Juan 1:17 dice: *"Porque la Ley fue dada por medio de Moisés; la gracia y la verdad se hicieron realidad por medio de Jesucristo"*. Moisés nos recordó nuestro pecado y la santidad de Dios, pero también nos señaló la única solución: Jesús, nuestro Salvador.

LECCIÓN 2

Él es un Padre tierno y amoroso
El asombroso carácter de Dios

"Nos preguntamos por qué no tenemos fe; la respuesta es que la fe es confianza en el carácter de Dios y si no sabemos qué clase de Dios es Dios, no podemos tener fe".
—A. W. TOZER (1897-1963)
PASTOR Y AUTOR ESTADOUNIDENSE

CADA PERSONA QUE conoces tiene un carácter y una personalidad únicos. Algunas personas son divertidas. Las hay también tímidas e introvertidas. Algunas son cariñosas y simpáticas. Otras pueden ser ruidosas y dominantes. Pero, ¿cómo es Dios?

Su asombroso carácter se describe en la Biblia con lujo de detalles. Se le llama "bueno" (Salmos 100:5), "rico en misericordia" (Efesios 2:4– 5), "compasivo" (Salmos 103:13, NLT), "auxilio presente" (Salmos 46:1), "perdonador" (1 Juan 1:9, NET), "paciente con vosotros" (2 Pedro 3:9), "lento para la ira" (Salmos 86:15), " generoso" (Filipenses 4:19), "fiel"(Lamentaciones 3:22–23, NLT), "amante de la justicia" (Isaías 61:8) y "santo" (Éxodo 15:11, CEV).

"Santo" significa que es Perfecto, sin pecado. También es "fuerte" (Jeremías 50:34, NVI), nunca se cansa (Isaías 40:28), nunca duerme (Salmos 121:4), sabe todo acerca de cada persona que creó (Lucas 12:7), y da su favor y bendición a aquellos que le siguen y obedecen (Salmos 1:1–3). Asimismo juzga a los malvados que continúan rebelándose contra Él y dañan a otros. Y debido a que Él es tan protector, se enoja cuando las personas son maltratadas, mal juzgadas o abusadas.

¿Quién no querría adorar a un Dios así? Jesús describió a Dios de esta manera: "Padre nuestro que estás en los cielos" (Mateo 6:9). "Padre" es la mejor manera que tenemos de entender a Dios. Aunque Dios es perfecto, sin defecto alguno, anhela tener comunión con las personas que creó. Él quiere relacionarse con nosotros. Apocalipsis 3:20 dice:

> *He aquí, yo estoy a la puerta y llamo; si alguno oye Mi voz y abre la puerta, entraré a él y cenaré con él, y él conmigo.*

Cuando Jesús quiso retratar al Padre celestial, contó la historia de un hombre judío que tenía dos hijos. El hijo menor deshonró a su familia al pedir una herencia anticipada, abandonando la casa paterna y marchándose a un país extranjero donde malgastó todo su dinero. Así es como los seres humanos han tratado a Dios. A pesar de que Dios nos bendijo con Su bondad, provisión, y amabilidad, elegimos alejarnos de estos beneficios, y tratamos de vivir totalmente separados de Él. Actuamos como si no lo necesitáramos en nuestras vidas.

En la historia que contó Jesús, el hijo menor finalmente se dio cuenta de su pecado, y decidió regresar a su hogar. Se sentía muy apenado por decepcionar a su padre. El hijo también esperaba que el padre lo castigara, o tal vez que lo hiciera trabajar como sirviente hasta devolver el dinero que había despilfarrado.

> *Cuando recobró el juicio, dijo: "¡Cuántos de los jornaleros de mi padre tienen pan de sobra, mientras yo me muero aquí de hambre! Me levantaré e iré a mi padre, y le diré: 'Padre, he pecado contra el cielo y ante tus ojos; ya no soy digno de ser llamado hijo tuyo; hazme como uno de tus jornaleros'".* —LUCAS 15:17–19

Sorprendentemente, el padre de la historia de Jesús no estaba enfadado. No repudió a su hijo por su conducta deshonrosa ni lo envió a los campos a pagar su deuda. El padre estaba mirando hacia el camino en oración ¡esperando que su hijo regresara! Cuando el padre vio a su hijo descarriado caminando hacia la casa, corrió hacia él con los brazos abiertos, lo abrazó, lo besó, y le dio la bienvenida de vuelta al hogar.

> *El padre dijo a sus siervos: "Sacad rápidamente la mejor túnica y ponédsela, y ponedle un anillo en la mano y sandalias en sus pies; y traed el ternero cebado, matadlo, y comamos y celebremos; porque este hijo mío estaba muerto y ha vuelto a la vida; estaba perdido y ha sido encontrado". Y se pusieron a celebrarlo. —LUCAS 15:22–24*

El padre mostró un amor incondicional hacia su hijo, aunque podría haberlo desterrado de la propiedad familiar y apartado de su vida para siempre. El buen padre invitó a su amado hijo a volver a su casa, le dio una túnica, e incluso le organizó una fiesta. (Ver Lucas 15:11–32).

Hay un famoso cuadro de esta historia llamado *El regreso del hijo pródigo*, del artista italiano del siglo XVIII Pompeo Batoni. Muestra al padre cubriendo amorosamente a su hijo con su brillante túnica roja. Jesús no mencionó el color de la túnica en Su parábola; simplemente la llamó "la mejor túnica". Pero el pintor la hizo roja para recordarnos que nuestro Padre, en su abundante misericordia, nos cubre con la sangre de Jesús para que podamos vivir en Su casa para siempre.

Dios tiene muchas cualidades asombrosas, pero Su amor misericordioso hacia nosotros es su característica más impresionante. Dios nos invita a volver a Él, sin importar cuán pecadores hayamos sido. Él no está enojado con nosotros; Él espera en el porche delantero de su casa mirando hacia el camino, con la esperanza de que dejemos atrás nuestro pecado, nos arrepintamos, y regresemos a Él. Y aunque Él es perfecto, perdona nuestros pecados para que podamos experimentar Su amor. Cuando decidiste seguir al buen Padre, Él corrió hacia ti, te abrazó, y organizó una espléndida fiesta para celebrar tu regreso a casa.

VAMOS MÁS **PROFUNDO**

1. Salmos 139:13–16 dice que Dios lo sabe todo sobre nosotros. Aun así nos ama, a pesar de nuestros defectos y errores. Lee este pasaje. Si Dios es tu Creador, ¿cuál debiera ser tu respuesta a Él?

2. Lee Salmos 86:15. ¿Cómo se describe el carácter de Dios en este pasaje?

3. Lee la historia del padre bueno y el hijo pródigo en Lucas 15:11–32. ¿Cómo describirías a Dios a partir de esta historia?

4. El apóstol Pablo dijo que nuestra meta en la vida es "conocer el amor de Cristo que sobrepasa todo conocimiento" (Efesios 3:19). ¿Qué has aprendido sobre Dios en esta lección?

HABLEMOS AL RESPECTO

¿Cómo veías a Dios antes de convertirte en cristiano? ¿Cómo ha cambiado tu visión de Dios desde entonces?

Versículo para memorizar

¿Quién es un Dios como Tú, que perdona la iniquidad y pasa por alto la transgresión del remanente de su herencia? No retiene para siempre su enojo, porque Él se deleita en la misericordia. Volverá a tener compasión de nosotros; pisoteará nuestras iniquidades. Arrojarás todos nuestros pecados a las profundidades del mar.

—MIQUEAS 7:18–19, ESV

PABLO

Apóstol de los gentiles

El apóstol Pablo es considerado el cristiano más valiente y fuerte del período del Nuevo Testamento, pero no empezó como seguidor de Jesús. En sus inicios como fariseo judío Pablo odiaba a los cristianos y trató de aniquilar la nueva religión. Pero después de que Jesús, resucitado, se le apareciera durante un viaje a Siria, Pablo experimentó una dramática conversión de las tinieblas a la luz y se convirtió en un audaz apologeta de la fe cristiana. En varios sentidos fue un padre espiritual del movimiento, no solo por sus profundos conocimientos espirituales, sino también por su intenso amor hacia las personas.

El legado de Pablo fue preservado para nosotros a través de sus escritos. Trece de sus muy personales cartas a las iglesias en Roma, Corinto, Éfeso, Colosas, y otras ciudades constituyen más del 30% del Nuevo Testamento, y brindan una profunda revelación de quién es Jesús y lo que hizo por nosotros. Pero Pablo no era un teólogo sesudo que vivía en una torre de marfil; atravesó montañas, cruzó océanos para llevar el Evangelio y sufrió mucho por su fe. También escribió varias de sus cartas desde prisión. Durante sus peligrosos vajes misioneros a Asia menor, Grecia e Italia fue apaleado, apedreado, naufragó, lo mordieron serpientes, lo privaron de comida y sueño, y fue acusado falsamente. No obstante, escribió a los romanos: "Si Dios está de nuestra parte, ¿quién puede estar en contra nuestra?" (Romanos 8:31, NVI).

Uno de los mayores logros de Pablo fue ayudar a las primeras iglesias a pasar de ser solo judías a incluir a todas las razas y nacionalidades. Muchos de los primeros cristianos procedían de un entorno judío y despreciaban a los no judíos; Pablo llevaba un mensaje revolucionario de unidad, enseñando que Jesús había derribado el muro de separación entre judíos y gentiles. Con valor, declaró: "Ya no hay judío ni griego, no hay esclavo ni libre, no hay hombre ni mujer; porque todos vosotros sois uno en Cristo Jesús" (Gálatas 3:28). Pablo pasó los últimos años de su vida alentando a las iglesias que se extendían rápidamente por todo el imperio romano, pero pagó cara su devoción: fue ejecutado por el emperador romano Nerón. Las palabras que el

Espíritu Santo inspiró a Pablo a escribir, hoy proporcionan un sólido fundamento espiritual para nosotros.

<h1 style="text-align:center">LECCIÓN 3</h1>

Padre, Hijo y Espíritu Santo

El maravilloso misterio de la Trinidad

"Tráeme un gusano que pueda comprender al hombre, y entonces te mostraré
un hombre que pueda comprender al Dios trino".
—JOHN WESLEY (1703-1791)
Evangelista británico y fundador del metodismo

LA BIBLIA DESCRIBE a Dios como un ser "trino", eso significa que Él es Tres en Uno. Dios es Padre, Hijo y Espíritu Santo. El apóstol Pedro utilizó este lenguaje trinitario cuando escribió: "A los elegidos de Dios […] que han sido escogidos según la presciencia de *Dios Padre*, mediante la obra santificadora del *Espíritu*, para ser obedientes a *Jesucristo* y rociados con su sangre" (1 Pedro 1:1–2, NVI, énfasis añadido).

Los escritores del Nuevo Testamento dejaron claro que cada miembro de la Trinidad es Dios. Los tres son plena e inequívocamente Dios. Sin embargo, nunca operan separados el uno del otro. El Padre, el Hijo y el Espíritu Santo fluyen en una armonía inexplicable.

Después de que se escribiera el Nuevo Testamento, los primeros líderes cristianos redactaron declaraciones resumidas llamadas credos, que explicaban este concepto difícil de una Trinidad a personas acostumbradas a adorar cientos de ídolos paganos. Uno de los más conocidos es el Credo de Nicea, escrito en el año 325 d.C. Este dice (énfasis añadido):

Creo en un solo Dios, *Padre* todopoderoso, creador del cielo y de la tierra, de todo lo visible y lo invisible. Creo en un solo señor *Jesucristo*, Hijo Unigénito de Dios, naci-do del Padre antes de todos los siglos [...]. Creo en el *Es-píritu Santo*, Señor, dador de vida, que procede del Padre y del Hijo, que con el Padre y con el Hijo es adorado y glorificado, que ha hablado por los profetas.[1]

El concepto de la Trinidad aparece en el primer capítulo de la Biblia. Después de crear la tierra, los mares y los animales, Dios dijo: "Hagamos al hombre a nuestra imagen, conforme a nuestra semejanza" (Génesis 1:26). ¿Quién es "nosotros"? ¿Por qué Dios se refirió a sí mismo en plural? Esta es una referencia al Padre, al Hijo y al Espíritu Santo. El Dios trino ha existido desde siempre. El Hijo estaba con el Padre en la creación, y Génesis 1:2 dice que el Espíritu Santo también participó en la creación desde el principio.

En su obra maestra *Mero Cristianismo*, el escritor británico C. S. Lewis intenta explicar la Trinidad en términos humanos, aun-que reconoce que es imposible, porque no vivimos en el mismo ámbito que Dios. Lewis describe el reino de los seres humanos como unidimensional, y el reino de Dios como un universo tridimensional. Escribe el autor:

> En la dimensión de Dios, por así decirlo, encuentras un Ser que es tres Personas sin dejar de ser un Ser, igual que un cubo es seis cuadrados sin dejar de ser un cubo. Por supuesto, no podemos concebir plenamente un Ser así: del mismo modo que, si estuviéramos hechos de tal for-ma que solo percibiéramos dos dimensiones en el espa-cio, nunca podríamos imaginar correctamente un cubo. Pero podemos tener una especie de vaga noción de ello. Y cuando lo hacemos, entonces, por primera vez en nuestra vida, estamos teniendo una idea positiva, por débil que sea, de algo superpersonal, algo más que una persona. Es algo que nunca podríamos haber imaginado, y sin em-bargo, una vez que nos lo dicen, casi sentimos que debe-ríamos haber sido capaces de adivinarlo, por lo bien que encaja con todo lo que ya sabemos.[2]

Si la idea de una Trinidad era "borrosa" para C. S. Lewis,

un intelectual sesudo que daba conferencias tanto en Oxford como Cambridge (Inglaterra), ¿cuánto más difícil resulta comprenderla para el "ciudadano de a pie"? ¿Cómo explicamos a los no creyentes que el Dios al que adoramos es una Trinidad? Debemos entender tres verdades sencillas: (1) solo hay un Dios; (2) el Padre, el Hijo y el Espíritu Santo son tres personas distintas; y (3) cada una de estas personas es totalmente Dios.

La naturaleza trina de Dios está expuesta en el Antiguo Testamento. Pero la Trinidad se define con más claridad en el Nuevo Testamento, aunque la palabra "trinidad" no aparezca nunca en las Escrituras. Es más claro en el pasaje donde Jesús nos da su Gran Comisión final en Mateo 28:18–19. "Toda autoridad me ha sido dada en el cielo y en la tierra. Id, pues, y haced discípulos a todas las naciones, bautizándolos en el nombre del *Padre* y del *Hijo* y del *Espíritu Santo*" (énfasis añadido). Es interesante que la palabra griega para "nombre" en este pasaje sea singular. El nombre es uno, ¡pero se mencionan tres personas!

Cuando Jesús es bautizado por Juan el Bautista en Marcos 1:10–11, vemos la Trinidad en plena acción. En esta escena, el Padre declara Su bendición audible sobre el Hijo, y el Espíritu Santo desciende sobre el Hijo en forma de paloma. El Padre, el Hijo y el Espíritu se revelan juntos. Esto nos muestra que el Padre, el Hijo, y el Espíritu tienen sus propias identidades: el Padre no es el Hijo; el Hijo no es el Espíritu; el Espíritu no es el Padre. Son personas destintas y, sin embargo, gozan de una unidad incomprensible para nosotros, los mortales.

Lo más hermoso de la Trinidad es que todos los cristianos verdaderos están invitados a una comunión íntima y estrecha con las tres personas de la Deidad. Puedes tener comunión con el Padre, con el Hijo y con el Espíritu Santo.

¿Cómo puede Dios ser tres y uno al mismo tiempo? El Autor A. W. Tozer escribió: "Meditar en las tres personas de la Deidad es caminar con el pensamiento por el jardín hacia el este del Edén y pisar tierra santa. Nuestro esfuerzo más sincero por captar el incomprensible misterio de la Trinidad debe permanecer para siempre como algo vano, y solo mediante la más profunda reverencia puede salvarse de la presunción real".[3]

Pero esta complejidad de la Trinidad no debe desanimarnos. Más bien nos muestra que no estamos al mismo nivel de Dios. Sus caminos son mucho más elevados que los nuestros.

¡Por eso lo adoramos! Él es alto y exaltado por encima de todo en la tierra. Lo adoramos no solo por Su gran amor, misericordia y perfección, sino porque es tan increíblemente maravilloso que no podemos entenderlo en toda su profundidad. ¡Tan solo nos quedamos boquiabiertos de asombro y lo alabamos por quien es Él!

VAMOS MÁS **PROFUNDO**

Los siguientes versículos mencionan al Dios trino. Lee cada pasaje y expresa cómo se describen los tres miembros de la Trinidad.

1. Lucas 3:22

____

____

____

2. Gálatas 4:6

____

____

____

3. Juan 15:26

____

____

____

4. Hechos 10:38

____

____

____

5. 1 Pedro 1:2

____

____

____

HABLEMOS AL RESPECTO

¿Cómo explicarías la naturaleza trina de Dios a alguien que no está familiarizado con la fe cristiana?

Versículo para memorizar

Id, pues, y haced discípulos a todas las naciones, bautizándolos en el nombre del Padre y del Hijo y del Espíritu Santo.

—MATEO 28:19

ISAÍAS

Vio a Jesús en Su trono

El profeta Isaías vivió setecientos años antes de Cristo, durante una época muy caótica en la historia de Israel. Pero Dios reveló Su maravilloso plan de redención a Isaías, de modo que este hizo muchas profecías sobre la venida de Jesús. El mensaje de Isaías por sí solo debería convencer a a la gente de que Dios es real. Hay por lo menos diecinueve profecías muy específicas sobre la venida de Jesús en los escritos de Isaías.

Por ejemplo, Isaías profetizó que Jesús nacería de una mujer virgen (Isaías 7:14); que predicaría en Galilea (9:1-2); que sería heredero del linaje de David (9:6-7); que sanaría a los ciegos, sordos, pobres y necesitados (29:18-19); que sus perseguidores lo escupirían y golpearían (50:6); Él llevaría nuestros pecados en su cuerpo (53:4); sería enterrado en la tumba de un rico (53:9); y los gentiles lo buscarían un día (11:10).

¿Cómo pudo Isaías predecir todos estos detalles con tal exactitud cuando vivió tantos años antes de Cristo? La respuesta está en Isaías 6, donde leemos que el profeta tuvo un poderoso encuentro con Dios. Tuvo una visión de la sala del trono del cielo, donde el Hijo de Dios estaba sentado en toda Su gloria. Isaías exclamó: "Porque han visto mis ojos al Rey, al Señor de los ejércitos" (Isaías 6:5). En aquel santo lugar, Isaías recibió un anticipo de lo que se avecinaba. Vio a Jesús y entendió su misión global de limpiar y redimir a la humanidad. Por eso el apóstol Juan escribió en su Evangelio que Isaías vio la gloria de Jesús (Juan 12:41). La visión que Isaías tuvo del Salvador lo empoderó para predicar sobre Jesús cientos de años antes de su venida.

LECCIÓN 4

Perdidos en la oscuridad total
El problema de la pecaminosidad del hombre

DIOS NO CREÓ a los seres humanos para ser pecadores. Cuando hizo al primer hombre y a la primera mujer, Adán y Eva, el Señor quería que gozaran de comunión con Él para siempre. Los creó para disfrutar la vida para siempre y los autorizó a gobernar sobre la tierra. Pero el hombre y la mujer desobedecieron a Dios y a través de sus acciones sometieron a la tierra entera bajo el control del pecado. Su trágica decisión también trajo al mundo la enfermedad, el dolor, la pena, la pobreza, la perversión, y toda forma posible de maldad. El resultado de todo este pecado fue la muerte física y espiritual.

A menudo oirás a la gente decir "Creo que la gente básicamente es buena" pero este concepto no es bíblico. Eclesiastés 7:20 dice: "En verdad, no hay hombre justo en la tierra que continuamente haga el bien y que nunca peque". A través de los pecados originales de Adán y Eva, la humanidad se volvió "depravada", lo cual significa moralmente corrupta y malvada. Esto explica por qué nuestro mundo está tan lleno de crimen, violencia, odio, guerra, conflictos familiares, injusticia, racismo, abusos contra los niños, y tantas otros males sociales. La raza humana está infectada con una enfermedad incurable llamada pecado.

La gente puede tratar de ponerse una máscara de comportamiento social, pero la Biblia dice que todas las personas están irremediablemente atrapadas en una condición pecaminosa. No somos "básicamente buenos". Jeremías 17:9 dice: "El corazón es más engañoso que todo lo demás y está desesperadamente enfermo; ¿quien lo entenderá?". Y Romanos 3:23 dice: "Todos pecaron y están destituidos de la gloria de Dios". La Biblia incluso dice que somos "esclavos de corrupción" (2 Pedro 2:19), es decir, que no podemos evitar hace cosas malas. Debido a nuestra naturaleza pecaminosa, todos los seres humanos merecemos estar eternamente separados de Dios.

A lo largo de la Biblia encontramos evidencias de la pecaminosidad total de los seres humanos. Los teólogos han llamado a esta condición "depravación total". A veces somos tentados a minimizar la maldad del pecado diciendo cosas como: "Ella tiene un buen corazón", o el famoso: "El diablo lo obligó a hacerlo". Pero la Biblia es clara al afirmar que pecamos porque queremos pecar. Es nuestra naturaleza. El predicador británico Charles Spurgeon dijo una vez: "Así como la sal condimenta cada gota del Atlántico, así el pecado afecta cada átomo de nuestra naturaleza. Tan tristemente está allí, tan abundantemente, que si no consigues detectarlo, te engañas".[1]

Varios siglos atrás Dios dio al pueblo de Israel Su Ley para mostrarles a ellos y a nosotros cuán lejos estamos de Su perfección. Cuando Dios dio a Moisés los diez mandamientos, registrados en Éxodo 20:1–17, el pueblo entendió que el hombre pecador había ofendido a Dios por medio de la idolatría (adorar a otros dioses), la falta de respeto al Señor, la deshonra a los padres, el asesinato, el adulterio, el hurto, la mentira, y la codicia, entre otras cosas.

La Biblia también dice que Dios está enojado con los pecadores porque se han rebelado contra su sabia y amorosa autoridad. Romanos 1:18 dice: "Porque la ira de Dios se revela desde el cielo contra toda impiedad e injusticia de los hombres que ocultan con injusticia la verdad". Dios tiene el derecho legal de enojarse con la gente pecadora porque han quebrantado sus leyes. Debido a nuestro pecado, merecemos la muerte. Dios pudo haber resuelto destruirnos a todos. Sin embargo, como Él es tan amoroso, estableció un camino legal para perdonarnos y librarnos del castigo que merecemos.

Durante los días más tempranos de la historia de la tierra, el mundo se corrompió a tal punto por la maldad que Dios decidió destruirlo con un diluvio. Tenía todo el derecho de hacerlo porque el hombre se había revelado neciamente contra la autoridad de Dios. No obstante, en ese momento la misericordia de Dios se hizo evidente. Mostró su favor a un hombre, Noé, y le ordenó construir un enorme barco que pudiera preservar a su familia y a todas las especies de animales. Los que se refugiaron dentro del arca de Noé se salvaron del juicio de Dios. El Señor les proporcionó una vía de escape.

En el futuro, llegado el momento, Dios volverá a traer juicio sobre todos aquellos que escogen el pecado y lo rechazan. Pero hasta entonces, a todos los pecadores se les ha dado la oportunidad de ser salvos de la destrucción final. Solo que ahora, en lugar de escondernos en un barco gigante, todo lo que debemos hacer es poner nuestra confianza en Jesús y refugiarnos en Su amor y misericordia. Él es el arca de nuestra seguridad. Y cuando creemos en Cristo, Él perdona nuestro pecado y nos da la gracia para vivir como Dios quiere. ¡Este es el milagro del perdón!

VAMOS MÁS **PROFUNDO**

1. Haz una lista de las muchas formas en que Romanos 1:28–32 afirma que los seres humanos pecan contra Dios.

____

____

¿Qué dicen los siguientes versículos sobre la pecaminosidad del hombre?

2. Génesis 6:5

____

3. Isaías 53:6

4. Lee Salmos 14:2–3. ¿Qué vio Dios cuando observó a los seres humanos en la tierra?

HABLEMOS AL RESPECTO

Cuando miras a tu alrededor, ¿que evidencia ves de que el mundo actual está por completo bajo la esclavitud del pecado?

Versículo para memorizar

Si decimos que no tenemos pecado, nos engañamos a nosotros mismos, y la verdad no está en nosotros

—1 Juan 1:8

LUCAS

El buen médico

Sabemos poco sobre Lucas y los antecedentes de este talentoso historiador que, sin embargo, escribió más de una cuarta parte del Nuevo Testamento. Lo más probable es que fuera un gentil, por lo que quizás fue un buen compañero de viaje del apóstol Pablo durante sus periplos por Asia Menor, Grecia y Roma. Estamos en deuda con este meticuloso investigador porque entrevistó cuidadosamente a los testigos oculares de la vida, muerte y resurrección de Jesús. No sabemos con certeza si Lucas llegó a conocer personalmente a Jesús, pero habló de manera extensa con quienes sí lo conocieron y recogió sus relatos para nosotros.

El Evangelio de Lucas arroja una luz única sobre la humanidad de Jesús. Nos brinda un informe completo sobre el nacimiento del Salvador, y es el único Evangelio que ofrece algún detalle sobre la infancia de Jesús. Muchos estudiosos creen que Lucas debe haber entrevistado a María, la madre de Jesús, para conocer tantos hechos importantes. El Evangelio de Lucas es también el único que suministra detalles sobre las mujeres que siguieron a Jesús (Lucas 8:1-3), por lo que probablemente también las entrevistó, como a cientos de personas más que caminaron y hablaron con Jesús y lo vieron después de Su resurrección.

Descrito por Pablo como "el médico amado" (Colosenses 4:14), Lucas debe haber sido un hombre compasivo que cuidaba de los demás, incluido su amigo, el apóstol mismo, que luchaba contra algunas dolencias no especificadas. Lucas participó en los viajes misioneros de Pablo. Lo vio expulsar un demonio de una esclava en Filipos; estaba ahí cuando Pablo se despidió de los ancianos de la iglesia de Éfeso; estuvo en el barco cuando toda la tripulación casi muere en el viaje a Roma. Lucas es el único evangelista que nos habla de las llamas celestiales que se asentaron sobre los primeros discípulos en el día de Pentecostés. Esa misma llama del Espíritu Santo lo inspiró a escribir el registro oficial de la Iglesia del primer siglo.

LECCIÓN 5

¡Qué glorioso Salvador!

¿Quién es Jesucristo?

HOLLYWOOD SIEMPRE se ha esforzado por ofrecer una representación fidedigna de Jesús a través del cine. Aunque el Jesús histórico era un judío del antiguo Israel que hablaba arameo y hebreo, a menudo ellos lo han retratado como un hombre blanco con acento británico, de la forma que se hizo en películas como *Rey de reyes* (1961) y *La historia más grande jamás contada* (1965).

Probablemente nunca exista una película que represente a Jesús con total precisión, empezando porque no tenemos fotografías suyas. Pero lo que sí tenemos, en la Biblia, es un complejo retrato en cuatro dimensiones del Señor, en palabras, escrito por personas que fueron testigos oculares de quién era Él y de lo que hizo.

Tenemos cuatro relatos muy diferentes de Su vida en la tierra, escritos por cuatro hombres diferentes que recibieron sus palabras del Espíritu Santo. Al comenzar tu viaje en los caminos de la fe, una de las primeras cosas que debes hacer es leer estos cuatro evangelios: Mateo, Marcos, Lucas y Juan. Te darán una perspectiva de 360 grados de la persona más asombrosa que jamás haya existido.

Es importante que estudies los cuatro evangelios de modo que puedas tener una imagen precisa de Jesús desde todos los ángulos.

El Evangelio de Mateo revela a Jesús como el Mesías largamente esperado y prometido al pueblo judío. Mateo era judío, y escribió su evangelio a los judíos para probar que Jesús era el Salvador prometido por los profetas del Antiguo Testamento. El Evangelio de Mateo contiene una genealogía que muestra cómo José, el padre adoptivo de Jesús, era descendiente de Abraham, padre de la nación judía.

Mateo estructura su Evangelio en torno a cinco sermones de Jesús, que nos recuerdan la Torah, los cinco primeros libros del Antiguo Testamento, escritos por Moisés. Al expresar su Evangelio de este modo, Mateo mostraba al pueblo judío que Jesús era más grande que Moisés, quien era venerado como el gran legislador judío. El Evangelio de Mateo contiene más citas del Antiguo Testamento que los otros, con el fin de demostrar que Isaías, Jeremías, Oseas, Miqueas y todos los venerados profetas judíos vieron a Jesús a la distancia y hablaron de Él.

El Evangelio de Marcos fue escrito por un judío, pero está dirigido a personas no judías a quienes no importaban mucho las profecías del Antiguo Testamento. El Evangelio de Marcos se enfoca en las obras poderosas de Jesús, más que en sus enseñanzas. De hecho, es el Evangelio que más milagros registra. Nos muestra a Jesús sanando a los enfermos, abriendo los ojos a los ciegos, limpiando a los leprosos, resucitando a los muertos, calmando tormentas, y multiplicando alimentos para las multitudes hambrientas. En Marcos vemos a Jesús como un poderoso Salvador que venció al pecado, la enfermedad y la muerte. Los estudiosos de la Biblia creen que Marcos escribió su Evangelio basándose en las experiencias de Pedro, quien fue uno de los discípulos más cercanos a Jesús.De hecho, *Marcos* está escrito desde el punto de vista único de Pedro.

El Evangelio de Lucas fue escrito por un gentil, para gentiles que no sabían mucho sobre la fe judía. Se focaliza en la humanidad de Jesús, demostrando que no solo era completamente Dios, sino también completamente humano. Contiene una descripción detallada del nacimiento de Jesús, que nos recuerda que fue concebido sobrenaturalmente por una virgen: María. Es el único Evangelio que nos muestra una escena de la infancia de Jesús, recordándonos que creció en una familia humana y experimentó las luchas humanas normales. En cuanto a la genealogía de Jesús en el Evangelio de Lucas, rastrea su linaje desde Adán, el padre de toda la humanidad, hasta María, su madre. Esto nos muestra que Jesús era Dios en carne humana. El Evangelio de Lucas tambien aborda la compasión de Jesús hacia el sufrimiento humano.

El Evangelio de Juan fue escrito por un judío, pero su audiencia es el mundo entero. Describe audazmente a Jesús como el Hijo de Dios y se concentra en el hecho de que Él era completamente Dios en la carne. A diferencia de los demás evangelios, el de Juan abre con una referencia a la creación del mundo en Génesis, y muestra que Jesús estaba con el Padre en el momento de la creación.

El Evangelio de Juan nos muestra que Jesús es Dios. En el Antiguo Testamento Dios se reveló como "Jehovah" o "YO SOY". En *Juan*, Jesús utiliza siete "Yo soy" para describirse a sí mismo. Él dijo:

- "Yo soy el pan de vida" (Juan 6:35).

- "Yo soy la luz el mundo" (Juan 8:12).

- "Yo soy la puerta" (Juan 10:7).

- "Yo soy el buen pastor" (Juan 10:11).

- "Yo soy la resurrección y la vida" (Juan 11:25).

- "Yo soy el camino, la verdad y la vida" (Juan 14:6).

- "Yo soy la vid verdadera" (Juan 15:1).

Todos estos pasajes del "Yo soy" revelan que Jesús es uno con el Dios del Antiguo Testamento. Vino a la tierra a mostrarnos quién es el Padre.

Cuando leemos los cuatro evangelios, junto con otros escritos sobre Él en el Antiguo y Nuevo Testamento, obtenemos una visión panorámica de este asombroso Salvador. Es casi imposible describirlo debido a Su grandeza. Por eso el apóstol Pablo, uno de los grandes pioneros de la fe cristiana primitiva, describió a Jesús como "insondable" en Efesios 3:8. Pero intentemos resumir lo que sabemos acerca de Jesucristo:

- Él existió con Dios antes de la creación del mundo.

- Muchos profetas del Antiguo Testamento predijeron que vendría a la tierra como el "Ungido" o el "Mesías" de Dios.

- Nació de padres terrenales, José y María, en Judea, pero ellos sabían que era el Hijo de Dios porque fue concebido por el Espíritu Santo.

- Cuando Jesús tenía treinta años comenzó a predicar sobre el perdón y el amor de Dios al pueblo de Israel, y durante tres años y medio realizó muchos milagros asombrosos para probar que Él era el Mesías.

- Jesús era completamente Dios y completamente hombre para poder ser el sacrificio perfecto y sin pecado que pagara por *nuestros* pecados. Por ello Juan el Bautista llamó a Jesús "el Cordero de Dios" (Juan 1:29); él sabía que Jesús sería sacrificado para expiar nuestros pecados.

- Jesús fue arrestado y crucificado por soldados romanos en Jerusalén, enterrado en una tumba y resucitado al cabo de tres días.

- Unos quinientos seguidores de Jesús lo vieron después de resucitar y empezaron a contar a todos acerca de Él.

- Después de Su resurrección, Jesús ascendió al cielo y se sentó a la derecha del Padre, donde permanece aun hoy, como Rey del universo.

La vida cristiana realmente es un viaje para conocer a este maravilloso Hijo de Dios. De hecho, el propio Jesús nos dijo que conocerlo a Él es la esencia de la vida misma. Él dijo en Juan 17:3: "Esta es la vida eterna, que te conozcan a Ti, el único Dios verdadero, y a Jesucristo, a quien has enviado". Crecer en tu fe no consiste solo en acumular conocimientos sobre Dios, sino en cultivar una relación íntima con Él.

VAMOS MÁS **PROFUNDO**

1. Cuando el ángel le habló a María sobre la venida de Jesús, ¿cómo describió la misión de Jesús en la tierra en Mateo 1:21?

2. En Hechos 10:38, en un sermón del apóstol Pedro, ¿cómo se describe a Jesús?

3. ¿Por qué vino Jesús a la tierra según 1 Juan 4:14?

4. En 1 Timoteo 2:5 ¿cómo se describe a Jesús y qué significa esto?

5. ¿Qué hizo Jesús por nosotros de acuerdo con 2 Timoteo 1:10?

6. ¿Cuáles son los dos títulos dados a Jesucristo según Hechos 2:36?

7. ¿Qué título lleva inscrito Jesús resucitado en Apocalipsis 19:16?

Cuando el apóstol Pablo escribió sobre el Jesucristo triunfante que pagó por nuestros pecados y venció la muerte, declaró en Colosenses 1:17–18: "Él es antes de todas las cosas, y en Él todas las cosas subsisten. Él es también cabeza del cuerpo, la Iglesia; y Él es el principio, el primogénito de entre los muertos, para que Él mismo llegue a tener el primer lugar en todo".

Pablo nos enseña aquí que Cristo es *preeminente,* o que supera a todos los demás. Él es el Dios supremo y el Señor de toda la tierra. Ningún otro dios puede salvarnos. Él es el único camino a la salvación. Merece nuestra obediencia porque es el Dios verdadero, y debemos someternos humildemente a su amorosa autoridad porque el Padre ha coronado al Hijo con toda gloria y honor. Jesús no fue solo un buen maestro; no era solamente un salvador. Él es tanto Señor como Salvador. ¡Le debemos toda nuestra lealtad!

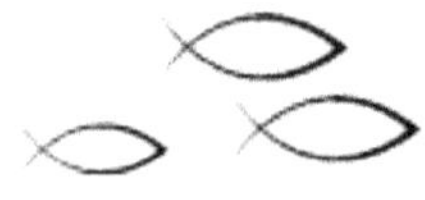

HABLEMOS AL RESPECTO

Jesús dijo que Él es el único camino al Padre. ¿Cómo explicarías esto a alguien que cree que todas las religiones conducen a Dios?

Versículo para memorizar

Jesús le dijo: "Yo soy el camino, y la verdad, y la vida; nadie viene al Padre, sino por mí".

—Juan 14:6

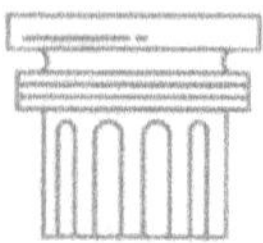

MARÍA, LA MADRE DE JESÚS

Dio a luz al Salvador

Es irónico que, durante los primeros siglos de la Iglesia, algunos cristianos empezaran a elevar a María, la madre de Jesús, a un estatus casi divino, porque esta mujer era una humilde sierva que no quería ese tipo de atención. Sabemos más de ella por el Evangelio de Lucas. Esta joven judía de Nazareth recibió la visita de un ángel, que le dijo que sería fecundada sobrenaturalmente por el Espíritu Santo y daría a luz al Hijo de Dios. Fue escogida por Dios para traer al mundo al Mesías.

Al conocer esta noticia, María respondió al ángel: "He aquí la esclava del Señor; hágase en mí según tu palabra" (Lucas 1:38). Su obediencia tuvo un alto costo. Ella y José, su marido, criaron a Jesús a la manera típicamente judía, pero María sabía que Él era diferente, y que su camino no sería fácil. Al principio, cuando el Señor comenzó su ministerio, María y los otros hermanos de Jesús no lo apoyaron; quizás María simplemente estaba siendo una madre protectora.

María, por cierto, no quería ver sufrir a su hijo, pero eso fue exactamente lo que sucedió. Cuando vio morir a Jesús en la cruz, lo más probable es que recordara lo que el ángel le dijo a su esposo en un sueño: "Lo llamarás Jesús, porque Él salvará a su pueblo de sus pecados" (Mateo 1:21). Mientras María escuchaba los gritos de agonía de Jesús en el Calvario, supo que Él había pagado por los pecados de todo el mundo.

Se estima que quinientos seguidores de Jesús lo vieron después de Su resurrección. Pero nadie lo vio tan de cerca como María. Lo llevó en su vientre durante nueve meses, lo bañó y cuidó cuando era un bebé, se maravilló de su perspicacia espiritual cuando era un niño, presenció su primer milagro en las bodas de Caná, y lloró cuando fue crucificado. Oró por la efusión del Espíritu Santo en Pentecostés; formó parte de la iglesia primitiva de Jerusalén, y la tradición sugiere que más tarde se trasladó a Éfeso con el apóstol Juan, quen cuidó de ella en su vejez. María no quería ser adorada, y su actitud de plena entrega a Dios no tiene parangón.

El milagro de la encarnación

¿Cómo Jesús es Dios y hombre?

"El Todopoderoso apareció en la tierra como un indefenso bebé humano, al que había que alimentar, cuidar y enseñar a hablar, como cualquier otro niño. Cuanto más lo piensas, más asombroso resulta. Nada en la ficción es tan fantástico como esta verdad de la encarnación".
—J. I. PACKER (1926–2020)
PASTOR, TEÓLOGO y AUTOR CANADIENSE

MILLONES DE personas en todo el mundo celebran la Navidad cada año, incluidas muchas que no son cristianas. Disfrutan de las canciones y tradiciones, pero en realidad solo tienen una vaga idea de lo que significa la celebración original de la Navidad. Mas si exploramos la historia, nos daremos cuenta de que los primeros cristianos honraban la Navidad para conmemorar el nacimiento de Jesús en el antiguo Israel.

El nacimiento de Jesús ciertamente es digno de una fiesta mundial, porque Su venida a esta tierra estuvo acompañada por milagros especiales, recogidos en las Escrituras. Primero, los antiguos profetas predijeron que Jesús nacería en el pueblo de Belén en Israel, y que sería llamado "Emanuel" (Isaías 7:14) que significa "Dios con nosotros".

Un ángel dijo a María, la madre de Jesús, que tendría un hijo a pesar de ser virgen. Cuando llegó el santo niño, una multitud de ángeles se apareció en los campos de Belén para celebrar su nacimiento. Y una gran estrella resplandeció sobre ese mismo lugar como señal celestial de que el Mesías había llegado para ser la verdadera Luz del mundo.

Pero, ¿cómo Jesús, el Hijo de Dios, dejó el cielo para hacerse hombre en la tierra? Esto sucedió a través de lo que los cristianos llaman *encarnación*. Dios se hizo carne humana a través del milagro del nacimiento virginal. Cuando llegó el momento de que Jesús viniera a la tierra, el ángel Gabriel le dijo a María (quien probablemente era una adolescente en ese momento) que se convertiría en la madre del Mesías. Entonces el Espíritu Santo hizo que María quedara embarazada, a pesar de que ella no había estado con un hombre.

Con Dios como Padre y una joven judía como madre, Jesús era completamente Dios y completamente hombre. El Evangelio de Juan declara esta verdad:

> *Y el Verbo se hizo carne, y habitó entre nosotros, y vimos Su gloria, gloria como del Unigénito del Padre, lleno de gracia y de verdad.*
>
> —JUAN 1:14

Esta frase "habitó entre nosotros" significa, en griego, "tabernáculo" o vivir temporalmente.[1] Jesús preexistió con el Padre en el cielo, pero luego vino a la tierra, nació como un bebé, y vivió en un cuerpo humano hasta que llegó la hora de sacrificar su vida por nosotros. La encarnación es, tal vez, el más grande milagro de la fe cristiana.

Secularistas y ateos se han burlado del nacimiento virginal durante siglos. Thomas Jefferson lo calificó de fábula.[2] El concepto de que una mujer dé a luz un bebé sin la participación de un hombre es ridículo para los incrédulos. Contradice todas las leyes de la biología.

Sin embargo, la madre de Jesús no tenía nada de fraudulenta. Cuando le preguntó al ángel cómo daría a luz a este niño, se le dijo: "El Espíritu Santo vendrá sobre ti, y el poder del Altísimo te cubrirá con su sombra" (Lucas 1:35). Aquí la palabra *cubrir* o *eclipsar* significa "envolver en un haz de brillo".[3] ¡La concepción de Cristo, obviamente, fue un milagro inexplicable!

María creyó el anuncio de Gabriel y se sometió a Dios con fe sencilla e infantil. La encarnación de Jesús no puede explicarse en términos puramente científicos. No tuvo nada de sexual y, sin embargo, María quedó embarazada sin el esperma de José. Dios se hizo carne humana. La Divinidad se revistió de humanidad, y Jesús comenzó una gestación de nueve meses en el vientre de María.

El nacimiento virginal no es un detalle trivial en la historia de Jesús. Es una piedra angular de nuestra fe. Si no hubiera ocurrido, Jesús no sería el Hijo de Dios. Todo lo que creemos acerca de la salvación sería falso si Jesús no hubiera sido concebido divinamente.

Cuando Jesús nació, hubo una cantidad normal de sangre, sudor y lágimas, porque María era humana en el doloroso proceso del parto. Pero este nacimiento estuvo marcado por maravillas, porque José no era el padre. José procedía de un linaje de reyes judíos, pero su abolengo no era suficiente para salvar a la raza humana. José no podía contribuir a este milagro. El maestro bíblico R. T. Kendall lo expresó de esta manera: "El nacimiento virginal de Cristo pone en evidencia que la salvación nunca puede venir a través del esfuerzo humano".[4] Dios hizo este milagro sin la ayuda del hombre.

En los primeros siglos de la Iglesia, muchas personas se esforzaron tratando de entender la complejidad de la encarnación. Así que algunos líderes de la Iglesia se reunieron y redactaron una declaración inequívoca para ayudar a la gente a entender esta verdad. El Credo Niceno, escrito en 325 d.C, dice al respecto:

> Creemos en un solo Señor, Jesucristo, Hijo único de Dios, engendrado eternamente del Padre, Dios de Dios, Luz de Luz, Dios verdadero de Dios verdadero, engendrado, no hecho, de un solo ser con el Padre. Por Él fueron hechas todas las cosas. Por nosotros y por nuestra salvación bajó del cielo: por obra del Espíritu Santo se encarnó de María, la virgen, y se hizo hombre.[5]

La milagrosa encarnación de Jesús es una piedra angular clave en nuestra fe cristiana. Los que dudan sugieren que José dejó embarazada a María por fuera del matrimonio. Pero si eso fuera cierto, el cristianismo mismo sería una mentira porque (1) si Jesús no hubiera nacido de una mujer, no podría haberse identificado plenamente con nuestros pecados; y (2) si Dios no fuera su padre biológico, Jesús no podría habernos redimido. Por el poder del Espíritu Santo, Dios se hizo hombre.

VAMOS MÁS **PROFUNDO**

1. Lee Isaías 7:14. ¿Qué predijo el antiguo profeta Isaías que sucedería?

____

____

2. Lee Mateo 1:20–21. Después de que María quedara embarazada de Jesús, José, su prometido, planeaba terminar el compromiso, pues parecía que María hubiese caído en desgracia. Pero entonces un ángel se apareció a José en sueños y le dijo que se casara con María. ¿Qué dijo el ángel sobre Jesús?

____

____

3. Isaías dio otra profecía sobre la venida del Mesías en Isaías 9:6. ¿Cómo se describe a Jesús en este versículo?

____

____

4. Lee Filipenses 2:5–7. Aunque Jesús existía en la forma de Dios, ¿qué hizo entonces?

____

____

____

5. Lee Colosenses 2:9–10. Cuando Pablo dice que en Jesús "habita corporalmente toda la plenitud de la Deidad" ¿a qué se refiere? ¿Por qué es tan importante que Jesús fuera a la vez completamente hombre y completamente Dios?

____

____

HABLEMOS AL RESPECTO

Explica en tus propias palabras por qué fue tan importante que Jesús naciera de una virgen.

Versículo para memorizar

Y hallándose en la condición de hombre, se humilló a sí mismo, haciéndose obediente hasta la muerte, y muerte de cruz.

—Filipenses 2:8

DAVID

El más grande líder de adoración

David fue un rey sabio, un guerrero valiente, y un amigo leal, pero sobre todo es conocido por ser un músico hábil y un adorador apasionado. Escribió al menos setenta y tres de los salmos de la Biblia, y en ellos vislumbramos cómo le gustaba cantar, levantar las manos, gritar a voz en cuello, e incluso danzar sin inhibición ante el Señor. Aunque vivió más de dos mil años antes de Cristo, continúa siendo hoy un modelo a seguir para todos los que aman al Dios verdadero.

David también era un profeta. En el Salmo 22 predijo con exactitud los sufrimientos que Jesús experimentaría en la cruz. David habló de la agonía del Señor durante la crucifixión, de su sed mientras permanecía ahí, de las feroces burlas que recibió de quienes presenciaban su ejecución, y del sorteo de sus vestiduras. Bajo la unción del Espíritu Santo David escribió, además: "Me ha rodeado una banda de malhechores; horadaron mis manos y mis pies" (Salmos 22:16). Sorprendentemente, Jesus recitó esta salmo mientras los soldados romanos clavaban sus manos y pies a una tosca cruz de madera. Cuando Jesús dijo: "Consumado es", en el momento de su muerte, estaba citando el último versículo del Salmo 22: "¡Lo ha hecho!" (NIV).

David era conocido como "un hombre conforme al corazón [de Dios]" (1 Samuel 13:14). Se levantaba temprano en la mañana para alabar al Señor, derramaba su corazón en oración y hablaba a menudo de su hambe y sed de Dios. Experimentó muchas derrotas aplastantes y luchó contra su propio pecado, pero sus fracasos lo acercaron más a Dios, y experimentó el perdón del Señor. En Salmos 51:2-3, escribió: "Lávame a fondo de mi iniquidad y límpiame de mi pecado. Porque yo conozco mis transgresiones". David nos enseñó que no podemos experimentar la verdadera adoración si no entendemos el asombroso perdón de Dios.

LECCIÓN 7

El momento más importante de la historia

¿Cómo nos salvó Jesús en la cruz?

"Dios demostró Su amor en la cruz. Cuando Cristo colgó de ahí, sangró y murió,
Dios le decía al mundo: 'Te amo'".
—BILLY GRAHAM (1918-2018)
Evangelista americano

IMAGINA QUE LA policía te arrestara por vender drogas. Ingresarías a la cárcel y, a la larga, comparecerías ante un juez que declararía la gravedad de tu delito. Así que tendrías tu día en los tribunales.

Un abogado podría defenderte, pero un jurado escucharía la descripción de tus crímenes. Y lo más probable es que el jurado dictaminara que eres culpable después de escuchar a los testigos que te vieron infringir la ley. El juez anunciaría a todos los presentes en la sala que eres culpable del tráfico de drogas. Luego serías condenado a varios años de prisión. De hecho, es probable que nunca salieras.

Pero imagina también que el día de tu sentencia, el juez te anunciara que has sido indultado. Imagínalo diciendo: "Aunque eres culpable, he decidido eliminar de tu expediente todo registro de agravios. Eres inocente". Rara vez esto ocurre en un tribunal. Pero es lo que sucedió cuando Jesús eligió perdonarnos borrando nuestros pecados. Nos liberó de todos los cargos. Él quitó la mancha de la culpa. Y anunció que en lugar de ser pecadores, ahora somos justos.

Esto es lo que llamamos el milagro de la redención. Redención significa "el rescate o liberación de los pecadores de la esclavitud del pecado y de las penas por la violación de la ley de Dios, mediante la expiación de Cristo"[1]. Cuando Jesús decidió morir por nosotros, aun cuando éramos pecadores, nos liberó de todo el castigo que merecíamos. ¡Pasaremos el resto de la eternidad agradeciendo a Dios por este milagro!

Pero, ¿cómo lo hizo Jesús? Dios es justo, así que no podía cambiar Su propia Ley arbitrariamente. El pecado tiene que ser castigado. Lo hizo transfiriendo los pecados del mundo a Jesús, junto con toda la culpa y vergüenza. Esto es lo que sucedió cuando Jesús fue crucificado.

En el Antiguo Testamento, antes de que Jesús viniera el mundo, Dios nos mostró que enviaría un Salvador para pagar por nuestros pecados. Le dio al pueblo judío un elaborado sistema de sacrificios de animales. Durante esos días, un fiel seguidor de Dios tenía que llevar un cordero, una cabra, o un ave al tabernáculo y dárselo al sacerdote, de modo que este lo sacrificara en el altar de Dios. Por supuesto, sabemos que la sangre de un cordero inocente en realidad no puede pagar por los pecados de una persona, pero Dios se valió de esta vívida ilustración para enseñar a la gente lo que estaba por venir. Nos estaba mostrando que un día enviaría un sacrificio perfecto para pagar la deuda que teníamos por nuestros pecados.

Cuando Jesús comenzó su ministerio en Israel, el profeta Juan el Bautista lo vió y declaró: "¡He aquí el Cordero de Dios que quita el pecado del mundo!" (Juan 1:29). Jesús era el Cordero perfecto. Gracias a que vivió una vida sin pecado, pudo realizar esta asombrosa operación. Fue el acto supremo de miseriordia y amor desinteresado.

Una vez crucificado Jesús, Dios puso todos los pecados del mundo entero sobre Su Hijo. Jesús murió en nuestro lugar. Él asumió nuestra culpa. Y porque Jesús estuvo dispuesto a morir por nosotros, todos nuestros pecados han sido perdonados. ¡No tenemos que trabajar para obtener este perdón! Todo lo que tenemos que hacer es creer en Jesús y aceptar el don gratuito de Su misericordia. Tito 3:5 declara: "Nos salvó, no sobre la base de obras de justicia que hubiéramos hecho, sino según su misericordia, por el lavamiento de la regeneración y la renovación por el Espíritu Santo".

Es importante que entendamos la horrible muerte que Jesús sufrió por nosotros. Nadie practicó una autopsia al cuerpo destrozado de Jesús después de ser crucificado, pero los médicos que han estudiado la descripción bíblica de Su muerte dicen que habría ido más allá de todo dolor soportable. De hecho, la palabra inglesa *excruciating* (insoportable) viene precisamente de "out of the cross" (salido de la cruz).[2] Jesús se volvió la definición literal del peor dolor que alguien pudiera sentir.

Su sufrimiento comenzó en un jardín llamado Getsemaní, donde Dios cargó los pecados del mundo sobre Su amado Hijo. Hebreos 5:7 afirma que Jesús ofreció oraciones "con gran clamor y lágrimas" durante este momento de angustia. El Evangelio de Lucas dice que la agonía fue tan instensa que el sudor de Jesús "se convirtió en gotas de sangre que caían hasta el suelo" (Lucas 22:44). El intenso estrés hizo que la sangre brotara de Sus glándulas sudoríparas.

Después de su arresto, Jesús fue azotado tan despiadadamente que la piel fue arrancada de Su espalda, quedando al descubierto músculos y huesos. Los soldados que torturaron a Jesús habrían utilizado un arma llamada *flagelo*, un látigo que tenía varias tiras de cuero con bolas de plomo o fragmentos de hueso unidos a los extremos. Los cortes infligidos por este látigo podían desgarrar la carne hasta exponer los órganos internos. Jesús habría perdido una gran cantidad de sangre después de la flagelación, lo que explicaría por qué no tuvo fuerzas para cargar Su cruz hasta el Calvario.

Mateo 27:28–29 relata que los soldados romanos desnudaron a Jesús y luego trenzaron una corona de espinas hecha a mano para burlarse de Su realeza. Los eruditos bíblicos creen que estas espinas eran extremadamente largas y duras. Cuando las espinas perforaron la parte superior y los lados de su cabeza, Jesús probablemente experimentó lo que los médicos llaman neuralgia del trigémino; un dolor punzante en toda la cabeza y la cara.[3]

Después de este horrible abuso, Jesús fue cubierto con una túnica roja y conducido al Gólgota. Allí los soldados romanos horadaron sus muñecas con clavos de metal de siete pulgadas (muy probablemente impactando el nervio mediano y provocando un dolor aún mas cegador), y luego atravesaron sus pies con otro de esos clavos. Para entonces, según los médicos, Jesús habría sufrido la dislocación de los hombros, calambres y espasmos, deshidratación por la pérdida severa de sangre, líquido en Sus pulmones y, finalmente, colapso pulmonar e insuficiencia cardíaca.

Algunas víctimas de la crucifixión romana tardaron hasta nueve días en morir, pero la muerte de Jesús se produjo en cuestión de horas, probablemente por lo cruelmente que lo habían azotado antes de clavarlo al áspero madero. Las víctimas de la crucifixión solían presentar una seria deshidratación debido a la falta de sangre y oxígeno.

Jesús derramó su sangre voluntariamente en aquella cruenta cruz. Era una escena fea, indignante y repulsiva. La Biblia no suaviza el impacto ni censura la crueldad del sufrimiento de Jesús. Isaías 53:6 dice: "Pero el Señor hizo recaer sobre Él la iniquidad de todos nosotros".

Dios cargó los pecados del mundo sobre Jesús, y luego lo sacrificó como el único Cordero de Dios. Además, Isaías 53:5 dice: "Mas él fue traspasado por nuestras rebeliones, molido por nuestros pecados". Tomó todo ese dolor para pagar por completo el precio, de forma que pudiéramos ser perdonados.

Si has puesto tu confianza en Jesús, le has pedido que te perdone, y lo has invitado a entrar en tu vida, has experimentado lo que la Biblia llama salvación. Estás libre de culpa, el muro de separación entre Dios y tú ha desaparecido, y has recibido el don gratuito de la vida eterna. ¡Los tribunales del cielo te han declarado inocente!

1. Antes de ser crucificado, Jesús tomó voluntariamente sobre sí los pecados del mundo. El Padre en realidad cargó todos los pecados del mundo sobre Él. Lee Marcos 14:33–36. ¿Qué dijo Jesús sobre su decisión de "beber la copa" del sufrimiento?

____

Después de que Jesús decidiera cargar con los pecados del mundo sobre sí mismo, fue arrestado, azotado sin piedad, escupido, escarnecido, y luego crucificado por unos soldados romanos. Puedes leer sobre esto en Marcos 15:22–37. Ten en cuenta que la crucifixión de Jesús fue un hecho real en la historia de la humanidad y que ha sido documentado. No se trata de una fábula. Los soldados clavaron sus manos y pies, y pusieron una corona de espinas sobre Su cabeza.

Busca estos pasajes y escribe lo que la muerte de Jesús en la cruz hizo por nosotros realmente:

2. Gálatas 1:4

____

3. Romanos 5:10

____

4. 1 Pedro 1:18–19

____

5. Hebreos 9:12

---

6. Cuando creemos en Jesús y le confesamos nuestros pecados, ¿qué hace Él por nosotros ahora, según 1 Juan 1:9?

HABLEMOS AL RESPECTO

¿Cómo te sientes cuando lees sobre la forma en Jesús sufrió por nosotros?

Versículo para memorizar

Porque tanto amó Dios al mundo que dio a su Hijo unigénito, para que todo el que cree en él no se pierda, sino que tenga vida eterna. Dios no envió a su Hijo al mundo para condenar al mundo, sino para salvarlo por medio de él.

—JUAN 3:16–17, NVI

VAMOS AÚN MÁS PROFUNDO
Ocho formas en que Jesús sufrió por nosotros

Tenemos un detallado registro escrito de la crucifixión de Jesús, pero a veces lo leemos apresuradamente y pasamos por alto cuánto dolor experimentó. Aquí hay ocho cosas sobre las que deberíamos reflexionar al considerar sus sufrimientos:

1. Fue traicionado por su discípulo Judas. El dolor de Jesús no solo fue físico. ¿Puedes imaginar la aflicción que sintió cuando uno de sus amigos de confianza se convirtió en el máximo traidor? Todo el dolor que Jesús soportó el viernes santo comenzó la noche anterior, cuando Judas tomó dinero manchado con sangre para que arrestaran a su Maestro. No sabemos exactamente cómo calcular el valor moderno de las treinta piezas de plata que Judas recibió, pero muchos estudiosos sugieren que fueron alrededor de novecientos cincuenta dólares. Hay algo de Judas en todos nosotros, y todos hemos traicionado a Jesús para salirnos con la nuestra. Sin embargo, Él decidió perdonarnos.

2. Fue abandonado por Sus otros seguidores. A menudo nos centramos en la negación de Jesús por parte de Pedro. Pero las Escrituras nos recuerdan que todos los discípulos de Jesús "lo dejaron y huyeron" después de Su arresto (Marcos 14:50). Jesús tuvo que padecer solo. Todos los hombres a los que había enseñado y en los que había invertido por tres años y medio lo abandonaron en Su hora de necesidad. Jesús llevó a cabo Su obra de redención sin nuestra ayuda. Pero Él nos perdonó el hecho de haberlo negado.

3. Llevó la carga de los pecados del mundo. La mayor agonía de Jesús no comenzó en la cruz. Fue en Getsemaní, donde Dios cargó sobre Su Hijo los pecados del mundo. Jesús agonizó tan intensamente en esos momentos que sudó gotas de sangre (Lucas 22:44). Los eruditos dicen que es muy probable que desarrollara una condición conocida como hematidrosis, en la que se emite sangre a través de las glándulas sudoríparas debido a un estrés intenso.[4] Tu pecado fue transferido a la cuenta de Jesús, y Él cargó con el castigo que merecías.

4. Fue acusado falsamente y rechazado por los líderes judíos. ¿Puedes imaginar el dolor que experimentó Jesús cuando las mismas personas a las que fue enviado a salvar le escupieron en la cara, le vendaron los ojos, le maldijeron y acusaron de blasfemia? El sanedrín instaló un tribunal irregular y condenó a muerte al Hijo de Dios. Jesús no abrió la boca en defensa propia cuando fue acusado falsamente. Ahora, cuando Satanás te acusa, Jesús argumenta tu caso y te declara *no culpable*.

5. Fue maltratado y escarnecido por los guardias romanos. Después de que Pilato cediera a la presión de los judíos, los soldados romanos azotaron a Jesús con un látigo, clavaron una corona de espinas en Su cuero cabelludo, golpearon Su cabeza con palos, y se burlaron haciendo la parodia de que le adoraban. Solo la flagelación —que habría implicado tiras de cuero con trozos de metal o hueso unidos— habría drenado gran parte de la sangre de Jesús. El HIjo pudo haber llamado a los ángeles para que detuvieran Su tortura, pero eligió soportar el dolor porque nos amaba.

6. Fue crucificado entre dos ladrones. No podemos imaginar siquiera el dolor de la crucificción. Clavos de metal atravesaron las manos y pies de Jesús, y Él tuvo que deslizar su cuerpo destrozado contra el madero de la cruz para poder respirar. Y como era costumbre de los romanos crucificar desnudos a los criminales, Jesús experimentó la mayor de las humillaciones. Es más, colgó de esa tosca cruz junto a dos hombres que habían sido condenados por crímenes, mientras que Él era completamente inocente. Nosotros deberíamos haber estado en el patíbulo reservado a los condenados, no Jesús. Pero Él tomó nuestro lugar.

7. Su cuerpo fue traspasado por una lanza. Incluso después de que Jesús tomara su último aliento, un soldado le clavó una lanza en la cavidad torácica, probablemente para asegurarse de que Jesús estaba muerto. Juan nos dice que brotaron agua y sangre (Juan 19:34), evidencia de que la lanza perforó el pericardio, el saco alrededor del corazón. El corazón de Jesús fue literalmente roto por nosotros.

Así como el costado de Adán se abrió para dar a luz a la primera mujer, el costado de Jesús se abrió para dar a luz a la Iglesia. ¡Su perforación liberó una fuente de vida para nostros!

8. Probó la muerte por todos. Esta es la realidad más horrible de la cruz. Cristo no murió metafórica o simbólicamente. Murió literalmente. El Hijo de Dios, que nunca había pecado —y era quien menos merecía la muerte—murió para que pudiéramos tener vida. Su corazón dejó de latir, Él dejó de respirar, y Su espíritu lo abandonó. Primera de Pedro 3:18 dice: "Porque también Cristo murió por los pecados de una vez por todas, el justo por los injustos, para que pudiera llevarnos a Dios".

Debido a que Jesús murió en nuestro lugar, ya no tenemos que morir. La vida eterna es su regalo gratuito para nosotros. No esperes hasta el domingo de resurrección de cada año para reflexionar sobre los pasos que dio el Salvador desde Getsemaní hasta el Gólgota. Mira sus manos y pies atravesados por clavos. Detente a contemplar su maravillosa cruz, y dale gracias por permanecer colgado allí seis horas, por ti.

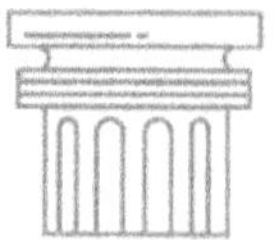

MARÍA DE BETANIA

Ungió a Jesús para su sepultura

En los días de Jesús, a las mujeres no se les permitía recibir formación teológica, y los rabinos judíos no tenían discípulas. Por eso María de Betania, la hermana de Lázaro y Marta, fue una pionera tan valiente. Cuando Jesús estaba enseñando a sus discípulos varones en casa de Lázaro, según Lucas 10:38-42, María desafió la tradición al sentarse a los pies del Maestro y escuchar Su palabra. Sabía que Jesús la acogía para que aprendiera de Él, a pesar de que otros líderes religiosos despreciaran a las mujeres.

María también fue testigo ocular de los milagros de Jesús. De hecho, Jesús resucitó de los muertos a su propio hermano, aunque Lázaro había estado en la tumba cuatro días. Esto debió llevarla a comprender que Jesús verdaderamente era el Hijo de Dios. Después del milagro, muchas personas que hablaron con María también se hicieron creyentes (Juan 11:45). ¡Se convirtió en evangelista!

Hay otra cosa muy especial que hizo María antes de que Jesús fuera a la cruz. La Biblia dice que mientras Jesús visitaba a sus amigos en casa de Lázaro, María tomó un perfume muy costoso y lo derramó sobre Sus pies delante de todos los invitados. Este fue un acto radical porque solo los sirvientes realizarían tal tarea, y algunas personas lo consideraron un desperdicio, reparando en lo caro que era el perfume.

¿Por qué María hizo esto? El mismo Jesús dijo en Mateo 26:12 que María lo estaba ungiendo para la sepultura. Ella comprendió que Jesús era el Hijo de Dios y que iba a morir para pagar por nuestros pecados. Su desprendido acto de devoción fue una forma dramática de adorarle, ofrecida en acción de gracias a Jesús por Su sacrificio. Jesús alabó a María por su devoción y dijo: "Donde quiera que se predique este Evangelio en el mundo entero, también se hablará de lo que ha hecho esta mujer, en memoria suya" (Mateo 26:13). Jesús declaró que María sería una de las mujeres más famosas del mundo, por amar tanto a Su Salvador. María es ahora un modelo de adoración para todos los cristianos.

LECCIÓN 8

La muerte es vencida

El poder de la resurrección de Cristo

"Me hice cristiano por las pruebas tan convincentes de que Jesús es realmente el único Hijo de Dios que demostró su divinidad resucitando de los muertos. Eso significaba que, seguirle, era el paso más racional y lógico que podía dar".
—LEE STROBEL (1952-)
AUTOR DE *EL CASO DE CRISTO*

EXISTEN MUCHAS religiones en el mundo, pero el cristianismo es la única cuyo fundador murió y resucitó de entre los muertos. Confucio inició el confucianismo, pero murió en 479 a.C. Buda fundó el budismo, pero murió alrededor del 483 a.C. Mahoma comenzó la fe islámica, pero murió en el 632 d.C.

En el caso del cristianismo, Jesucristo ciertamente predijo que sería crucificado, asesinado, sepultado y luego resucitado. Eso es exactamente lo que sucedió. Y tal milagro no se produjo en secreto. Es un hecho histórico, del que fueron testigos más de quinientas personas.

Imagina que ocurre un asesinato a plena luz del día en una concurrida esquina de tu ciudad, y que más de quinientas personas son testigos del hecho. Algunos de ellos incluso pueden haber tomado fotos o grabado videos del crimen con sus teléfonos móviles. Todos estos testigos comparecieron ante un tribunal, subieron al estrado, juraron ante el juez que dirían la verdad, y declararon que sabían quién era el asesino. Cualquier jurado declararía culpable a ese criminal debido a la abrumadora evidencia. Por eso la resurrección de Jesús se considera un hecho, aunque sea un milagro asombroso, que desafía las reglas de la ciencia.

Cuando el evangelista Lucas escribió sobre los testigos de la resurrección de Jesús, dijo: "A estos también se presentó vivo después de sus padecimientos, *con muchas pruebas convincentes*, apareciéndoseles durante cuarenta días, y hablándoles de las cosas concernientes al reino de Dios (Hechos 1:3, énfasis añadido). Lucas no tenía ninguna duda que Jesús había resucitado de entre los muertos porque abundaban las pruebas.

El apóstol Pablo también habló de estos testigos. Él escribió en 1 Corintios 15:3–8

> Porque yo os entregué en primer lugar lo que también recibí, que Cristo murió por nuestros pecados según las Escrituras, y que fue sepultado, y que resucitó al tercer día según las Escrituras, y que se apareció a Cefas, luego a los doce. Después se apareció a más de quinientos hermanos a la vez, la mayoría de los cuales permanecen hasta ahora, aunque algunos ya duermen; luego se apareció a Santiago, después a todos los apóstoles; y por último, como a un nacido fuera de tiempo, se me apareció también a mí.

Por supuesto, los que dudan y los escépticos han tratado de refutar la resurrección durante siglos, confeccionando diversas teorías conspirativas. Han afirmado, por ejemplo, que los seguidores de Jesús fueron a la tumba equivocada para encontrar Su cuerpo; que los primeros discípulos experimentaron una "alucinación colectiva"; que Jesús no había muerto en realidad, sino que solo estaba inconsciente tras el brutal maltrato que sufrió su cuerpo (lo que se conoce como "la teoría del desmayo"); o que el cuerpo de Jesús fue robado y nunca se encontró. Ninguna de esas teorías es plausible.[1]

Consideremos, por ejemplo, que en dos mil años ¡nadie ha encontrado el "cuerpo robado" de Jesús! En cuanto a la teoría del desmayo, es absurdo pensar que Jesús pudo haber sobrevivido después de que un soldado le clavara una lanza en el costado y le perforara el corazón. Este tipo de recuperación sería imposible hoy en día, incluso con la moderna tecnología a disposición de la medicina.

El periodista Lee Strobel, quien en realidad trató de refutar las afirmaciones del cristianismo investigando documentos antiguos y entrevistando a eruditos, se convirtió en evangelista cristiano después de encontrarse cara a cara con las abrumadoras pruebas de la resurrección. Escribió muchos libros, entre los cuales el más popular es *El caso de Cristo*. Refiriéndose a la teoría de la alucinación, Strobel dijo: "Fui con un amigo sicólogo y le dije que si 500 personas aseguraban haber visto a Jesús después de muerto, era solo una alucinación. Respondió que las alucinaciones son un evento individual. "Si 500 personas tienen la misma alucinación, es un milagro mayor que la resurrección".[2]

Por siglos, eruditos inteligentes e incluso abogados penalistas que han estudiado la evidencia han dejado constancia de que la resurrección de Jesús es un hecho.

Sir Edward Clark, quien se desempeñó como procurador general durante la época victoriana en Inglaterra, escribió: "Como abogado, he realizado un estudio prolongado de las pruebas correspondientes a los acontecimientos del primer día de Pascua. Para mí las pruebas son concluyentes, y una y otra vez he obtenido el veredicto en el Tribunal Supremo con pruebas menos convincentes. La inferencia se basa en la evidencia, y un testigo veraz siempre es ingenuo, y desdeña los efectos. La evidencia evangélica de la resurrección es de esta clase, y como abogado la acepto sin reservas, pues es el testimonio de hombres veraces sobre hechos que fueron capaces de corroborar".[3]

Hay montañas de pruebas a nuestra disposición que deben ser ponderadas cuando consideramos la resurrección. La enorme piedra sobre la tumba de Jesús fue movida milagrosamente (probablemente pesara entre una y dos toneladas); el sello romano de la tumba se rompió; los vendajes de Jesús quedaron atrás; y los guardias romanos desaparecieron.

Asimismo, más de quinientas personas vieron a Jesús y lo oyeron hablar después de que resucitó. Algunos de ellos, como el apóstol Tomás, tocaron las cicatrices dejadas por los clavos. El apóstol Juan escribió que no solo vio al Cristo resucitado, sino que también lo tocó (1 Juan 1:1).

Pero quizás la mayor evidencia de la resurrección de Jesús no sea que cientos de personas del sigo primero lo vieran, sino que estuviesen dispuestas a ser encarceladas, apedreadas, arrojadas a arenas con animales salvajes, o quemadas vivas, por no renunciar a su creeencia en Jesucristo. Casi todos los discípulos se convirtieron en mártires.

Los ciudadanos romanos estaban obligados a jurar su total lealtad a Roma y declarar que César era un dios, pero los primeros cristianos estaban dispuestos a morir porque sabían que Cristo resucitado era el verdadero Señor de todo. Su coraje debería inspirarnos para ser testigos valientes de la resurrección de Jesús durante nuestra vida.

Adrian Rogers, conocido pastor estadounidense dijo: "La resurrección no solo es importante para la fe cristiana histórica; sin ella, no existiría el cristianismo. Es la singular docrina que eleva al cristianismo por encima de todas las demás religiones del mundo".[4] Nunca dudes que Jesús salió vivo de la tumba. Este es el fundamento de todo lo que creemos.

VAMOS MÁS **PROFUNDO**

1. En Mateo 16:21–23, Jesús dice a sus discípulos que va a ser asesinado por sus enemigos. En el versículo 22, ¿cómo reacciona Pedro ante esta información?

2. En Mateo 20:18–19, Jesús dijo con claridad a sus discípulos lo que le ocurriría al terminar Su ministerio. ¿Sobre qué les advirtió?

Tras la muerte de Jesús, Su cuerpo fue puesto en una tumba de piedra, colocaron una roca gigante frente a la entrada, y los soldados romanos vigilaban para asegurarse de que nadie intentara quitarla. Pero al tercer día, cuando unas discípulas de Jesús fueron al sepulcro a llevar especias aromáticas para embalsamar, un ángel vino del cielo y removió la roca.

3. Los guardias romanos estaban traumatizados, pero el ángel dio a las mujeres un mensaje importante. ¿Qué dijo el ángel en Mateo 28:5–7?

4. Lee Juan 20:26–29. Después de la resurreción, Jesús se apareció a Sus discípulos y les dio la oportunidad de ver y tocar Sus manos heridas y Su costado traspasado. ¿Qué le dijo Jesús a Tomás después de que este lo tocara y lo llamara "Señor mío y Dios mío"?

5. Jesús permaneció en la tierra cuarenta días después de Su resurrección, apareciéndose a Sus testigos y dando evidencia de Su autoridad. Según 1 Corintios 15:3–8, ¿a quién se apareció Jesús?

6. Lee 1 Corintios 15:12–17. Durante el siglo I d.C., hubo algunos falsos maestros que negaron que Jesús hubiera resucitado de entre los muertos. ¿Por qué la doctrina de la resurrección es tan importante para nosotros como creyentes en Cristo?

HABLEMOS AL RESPECTO

¿Cómo responderías a alguien que dice que la resurrección es un engaño?

Versículo para memorizar

Si confiesas con tu boca que Jesús es el Señor, y crees en tu corazón que Dios lo levantó de los muertos, serás salvo.

—ROMANOS 10:9

PEDRO

Jesús lo llamó "roca"

Cuando Jesús llamó a un humilde pescador llamado Simón para que lo siguiera como discípulo, le dio un nombre nuevo. Jesús dijo: "Tú eres Simón, hijo de Juan; serás llamado Cefas [que traducido es Pedro]" (Juan 1:42). Cefas significa "roca[1]". Pedro no siempre actuó como una roca sólida, pero Jesús vio un potencial asombroso en este hombre. También declaró que Pedro llegaría a ser pescador de hombres (Marcos 1:17).

Sin duda Pedro mostró dotes de liderazgo mientras Jesús lo entrenaba. Pero Pedro también era un poco inestable. Algunos días seguía apasionadamente a Jesús; otros metía la pata y Jesús tenía que reprenderlo. Pedro fue el primer discípulo en declarar que Jesús era el Hijo de Dios, pero cuando su Maestro dijo que sacrificaría su vida, le dijo: "¡Dios lo impida, Señor! Eso no te sucederá jamás" (Mateo 16:22). Pedro siempre fue impredecible. La noche anterior a la ejecución de Jesús hasta negó conocerlo —¡tres veces!— y luego entró en una profunda depresión. Pedro se sentía un fracasado. Sin embargo, después de resucitar de entre los muertos, Jesus encontró a Pedro a la orilla del mar y de nuevo le pidió que lo siguiera. Jesús no descalificó a Pedro por sus errores. Por el contrario, lo restauró, y Pedro se convirtió en un líder fuerte entre los apóstoles que llevaron el Evangelio por todo Israel. De hecho, cuando Pedro predicó el Evangelio el día de Pentecostés, tres mil personas se arrepintieron y comenzaron a seguir a Cristo (Hechos 2:41). La historia de Pedro nos recuerda que Jesús puede convertir a sus seguidores inestables en "rocas" fuertes y firmes que causarán un gran impacto en el mundo.

LECCIÓN 9

Debes nacer de nuevo
El milagro de la conversión espiritual

"¡Asombrosa gracia! ¡Qué dulce el sonido que salvó a un desdichado como yo!
Una vez estuve perdido, pero fui encontrado, estaba ciego, pero ahora veo".
—JOHN NEWTON (1725-1807)
COMERCIANTE BRITÁNICO DE ESCLAVOS QUE SE CONVIRTIÓ EN ABOLICIONISTA
DESPUPES DE SU CONVERSIÓN

HACE MUCHO tiempo un profeta del Antiguo Testamento llamado Ezequiel tuvo una visión de un valle lleno de huesos secos. Entonces Dios preguntó al profeta: "¿Pueden vivir estos huesos?". Eso, por cierto, no parecía posible, pero Dios le dijo a Ezequiel que profetizara a los huesos secos. De repente los huesos se pararon, luego la carne apareció en ellos, y después la piel. ¡Entonces los cuerpos empezaron a respirar!

Esta visión nos muestra lo que sucede cuando un pecador pone su fe en Jesucristo y pide el perdón de Dios. Efesios 2:5 dice: "Aun cuando estábamos muertos en nuestras transgresiones", Dios "nos dio vida juntamente con Cristo". Este es el milagro que llamamos nuevo nacimiento. Cuando tu pecado te separó de Dios, eras como un cuerpo muerto o un esqueleto seco. Pero cuando experimentas el milagro de la salvación, recibes de Dios el don de la vida sobrenatural. El poder del pecado se rompe, tu espíritu cobra vida, y puedes tener una relación con tu Creador.

Al comenzar Jesús su ministerio en la tierra, un hombre judío llamado Nicodemo se acercó a Él para averiguar si era el verdadero Hijo de Dios. Nicodemo era un hombre muy moral y religioso, y supuso que sería el primero en la fila en tener vida eterna con Dios. Pero Jesús le dijo algo muy particular: "De veras te digo, que el que no naciere de nuevo no puede ver el reino de Dios" (Juan 3:3). Nicodemo se dio cuenta de que todas sus buenas obras y esfuerzos religiosos no podían salvarlo. Necesitaba una transformación interior.

Jesús le dijo a Nicodemo que todos los seres humanos deben "nacer de nuevo" para ver el cielo, y la persona que cree que Él es el Hijo de Dios recibe el regalo de la vida eterna. Un milagro tiene lugar en el corazón humano cuando creemos. Al poner tu fe en Jesús, ocurre una transformación invisible. El Espíritu Santo entra en tu corazón y lo convierte en Su residencia permanente. Recibes el don de la vida eterna, lo que significa que irás al cielo cuando mueras. Pero lo más importante es que comienzas un viaje de por vida conociendo a Cristo de una manera personal.

Cuando el Espíritu Santo entra en tu vida, la Biblia dice que eres "adoptado" por Dios como Su propio hijo amado. Romanos 8:15 dice: "Habéis recibido un espíritu de adopción como hijos, por el cual clamamos '¡Abba! ¡Padre!'". La palabra *abba* es el término hebreo para *papá*. Cuando experimentas la salvación, de repente te sientes conectado con tu misericordioso Padre celestial. Él perdona tus pecados, hace de ti una nueva creación, e inicia una amistad contigo.

Jesús le dijo a Nicodemo que nacemos de nuevo por el Espíritu Santo (Juan 3:5). La verdadera conversión es la cosa más sobrenatural que jamás experimentaremos. Cuando una persona pone su fe en Cristo para salvación, es el Espíritu quien abre el corazón e imparte la vida divina. A partir de entonces Él mora en nosotros, y nos da la confianza de que ahora somos hijos de Dios. Ninguno de nosotros sería cristiano hoy si no fuera por el poder regenerador del Espíritu. Si estás orando para que alguien se arrepienta y entregue su corazón a Jesús, no minimices el papel que juega el Espíritu Santo en este proceso.

Solemos decir a los nuevos cristianos que Jesús vino a sus corazones en el momento en que se arrepintieron de sus pecados. Pero, una vez más, nuestro lenguaje se queda corto para expresar la grandeza de una conversión verdadera. Cuando el Espíritu Santo entra en la vida de un creyente arrepentido, ¡literalmente sopla aliento de vida nueva sobre lo muerto! Así como el profeta Ezequiel vio cómo los huesos secos se levantaban, volvían a cubrirse de carne y a respirar de nuevo (Ezequiel 37), las personas que están muertas en pecado son resucitadas a una nueva vida cuando creen en Jesucristo.

De todas las manifestaciones del Espíritu Santo disponibles para nosotros, la conversión es la más preciosa. ¡Y la más asombrosa! Nunca subestimes el poder del Espíritu Santo para transformar a un pecador.

VAMOS MÁS **PROFUNDO**

1. Según Efesios 2:1 ¿en qué condición estabas antes de conocer a Cristo?

____

2. Lee Romanos 10:9. ¿Qué debe hacer una persona para ser salvada del pecado?

____

3. De acuerdo con 1 Pedro 1:23, ¿qué nos hace nacer de nuevo?

____

4. Lee Hechos 4:12. ¿Qué debemos hacer para ser salvos de nuestros pecados según este versículo?

____

5. Lee 2 Corintios 5:17. ¿Qué le sucede a una persona después de experimentar la verdadera conversión?

____

6. De acuerdo con Juan 17:3, ¿cuál es la definición de *vida eterna*?

HABLEMOS AL RESPECTO

Comparte la historia de tu propia conversión. ¿Cómo cambió Jesús tu vida después de que decidiste seguirle?

Versículo para memorizar

Por tanto, si alguno está en Cristo, es una nueva criatura; las cosas viejas pasaron; he aquí, cosas nuevas han venido.

—2 CORINTIOS 5:17

MARCOS

El hijo espiritual del apóstol Pedro

Conocido también como Juan Marcos en la Biblia, este hombre pudo haber sido un adolescente por los días en que Jesús predicaba en Israel. Vivía en Jerusalén, y su familia debió ser una de las primeras en seguir a Cristo. Estaba emparentado con Bernabé, un líder respetado de la iglesia primitiva, y viajó con él y con el apóstol Pablo en su primer viaje misionero.

Durante ese viaje a Asia Menor, Marcos abandonó el equipo (véase Hechos 15:38.) La Biblia no nos dice por qué Marcos se dio por vencido: tal vez extrañaba su casa, o el miedo a la persecución fue demasiado para él. Todo lo que sabemos es que Pablo no quería trabajar más con él, debido a su deserción. Bernabé, por su parte, sintió más compasión hacia Marcos, quien era su primo, y este desacuerdo separó a Pablo y Bernabé.

Al final sabemos que Pablo se reconcilió con Marcos, volvieron a viajar juntos y quedaron en buenos términos. También sabemos que Marcos terminó siendo muy cercano al apóstol Pedro, quien se refiere a él como "mi hijo" en su primera epístola (1 Pedro 5:13). Marcos acabó escribiendo uno de los cuatro Evangelios basándose en el testimonio de Pedro como testigo ocular. Su vida nos enseña que nunca debemos rendirnos con las personas debido a sus fallas. Quizás Marcos fuese una persona poco fiable en su juventud, pero se fortaleció en la fe, y su historia documentada del ministerio de Jesús es un registro inspirado de Sus milagros.

LECCIÓN 10

Sepultados con Cristo

¿Por qué necesitamos el bautismo en agua?

"Pensé que había podido saltar de la tierra al cielo de un brinco cuando por primera vez vi mis pecados ahogados en la sangre del Redentor".
—CHARLES H. SPURGEON (1834-1892)
PreDICADOR Y AUTOR BRITÁNICO

ANTES DE ascender al cielo Jesús dijo a sus discípulos que bautizaran a las personas en agua una vez tomaran la decisión de creer en Él. Jesús dijo en Mateo 28:19: "Id, pues, y haced discípulos a todas las naciones, bautizándolos en el nombre del Padre y del Hijo y del Espíritu Santo".

Los cristianos de los inicios del Nuevo Testamento no fueron los primeros en celebrar el bautismo. Los judíos practicaban este ritual de sumergir a una persona en agua como una forma de simbolizar la purificación de los pecados. De hecho, el primo de Jesús, Juan, se ganó su famoso título "Juan el Bautista" porque desafiaba a la gente a arrepentirse de sus pecados y luego a someterse al bautismo en agua para sellar su decisión. Muchos judíos fueron bautizados por Juan el Bautista justo antes de que Jesús comenzara Su ministerio.

El mismo Jesús fue bautizado por Juan en el río Jordán, no porque necesitara purificarse del pecado sino porque nos estaba dando ejemplo a todos. Como precursor de la fe, Jesús allanó el camino para que nosotros experimentáramos una nueva vida con Dios. Aunque Él no necesitaba arrepentirse —porque no tenía pecado— acudió primero a las aguas por nosotros, para que pudiéramos recibir Su asombrosa gracia.

Después de que Jesús pagara por nuestros pecados en la cruz, Sus seguidores inmediatamente comenzaron a practicar el bautismo. El día de Pentecostés, cuando tres mil personas se convirtieron luego de escuchar el sermón de Pedro, la multitud le preguntó qué debían hacer para ser salvos. Pedro les dijo:

Arrepentíos, y bautícese cada uno de vosotros en el nombre de Jesucristo para perdón de vuestros pecados; y recibiréis el don del Espíritu Santo.

—Hechos 2:38

Al leer la historia de la iglesia primitiva en el libro de Hechos, aprendemos que los nuevos cristianos fueron bautizados tras la campaña evangelizadora de Felipe en Samaria (Hechos 8:12–13); el etíope converso fue bautizado en el desierto (Hechos 8:36–40); Saulo fue bautizado después de su dramática conversión (Hechos 9:18); algunos conversos italianos fueron bautizados en Cesarea (Hechos 10:47–48); Lidia fue bautizada en Filipos (Hechos 16:15); y el carcelero filipense y su familia fueron bautizados después de que él decidiera seguir a Cristo (Hechos 16:33).En la iglesia cristiana primitiva el bautismo en agua era siempre el primer paso para un nuevo cristiano.

Esta práctica ha continuado a lo largo de los dos mil años de cristianismo, hasta nuestros días. No importa dónde se bauticen las personas: puede ocurrir en un lago, un río, un océano, una piscina, un jacuzzi, una bañera, o incluso un abrevadero para caballos. He visto el video de un bautismo en Rusia donde un pastor abrió un agujero en el hielo ¡y los fervorosos creyentes se sumergieron en un gélido lago siberiano! Las personas se bautizan por obediencia a Cristo, pero también para subrayar el hecho de que la decisión de seguir a Jesús es un *momento decisivo* en la vida de cualquiera.

Esta práctica puede parecernos un poco extraña hoy en día. ¿Por qué querría Jesús que Sus seguidores se tomaran la molestia de sumergirse en agua después de arrepentirse de sus pecados y creer en Él? Nos ayudará recordar un evento ancestral del Antiguo Testamento para comprender cabalmente el significado del bautismo en agua.

En el libro de Éxodo leemos la fascinante historia de cómo Dios liberó al pueblo hebreo de su cautiverio en Egipto. Habían sido esclavos allí durante 430 años, y el faraón no quería dejarlos ir. Los necesitaba como mano de obra gratuita para construir sus templos y pirámides. Sin embargo, Dios ungió a Moisés con Su autoridad para exigir al faraón que liberara a los esclavos, de modo que pudieran ir a la tierra que el Señor les había dado.

Dios derramó su feroz juicio sobre Egipto enviando diez terribles plagas, pero este faraón duro de corazón se negó a ceder obstinadamente. Finalmene, luego de que la última plaga matara a todos los primogénitos varones de esta tierra, el malvado gobernante permitió que los hebreos recogieran apresuradamente sus pertenencias y se marcharan. Entonces, justo cuando los israelitas alcanzaban la orilla del Mar Rojo en su viaje a Canaán, el faraón envió a su ejército para capturarlos de nuevo.

Mientras los guerreros egipcios se acercaban en sus carros, Moisés dijo al pueblo de Israel: "El Señor luchará por vosotros mientras vosotros guardéis silencio" (Éxodo 14:14). Entonces Dios dijo a Moisés: "En cuanto a ti, levanta tu cayado, y extiende tu mano sobre el mar y divídelo, y los hijos de Israel pasarán por en medio del mar sobre tierra seca" (v. 16).

Y eso fue exactamente lo que sucedió: Moisés extendió su brazo sobre el mar, y Dios separó las aguas, de modo que los hebreos pudieron caminar a través del fondo marino sobre tierra seca. Cuando llegaron al otro lado del mar, las aguas regresaron a su nivel normal, ahogando al ejército del faraón. Los carros, caballos y armas del enemigo se hundieron en las turbias aguas. Dios había derrotado sobrenaturalmente al poderoso faraón.

Entonces Moisés entonó una canción al Señor:

Cantaré al Señor, porque Él es muy exaltado; arrojó al mar al caballo y a su jinete. El Señor es mi fuerza y mi canción, y se ha convertido en mi salvación.

—Éxodo 15:1–2

El pueblo judío celebró esta extraordinaria historia de la liberación de Israel durante cientos de años después de la separación del Mar Rojo. El milagro ocurrió hace tres mil quinientos años, pero se convirtió en el acontecimiento más comentado del Antiguo Testamento. Es lo que llamamos un *momento decisivo* para Israel.

También tiene un poderoso significado simbólico para los cristianos de hoy. El paso de Israel por el Mar Rojo es una prefiguración de la inmersión de los cristianos en las aguas del bautismo. Así como Dios destruyó la muerte y la esclavitud en las aguas del Mar Rojo, liberando a Su pueblo para que le sirviera en su nueva tierra, la muerte y la esclavitud del pecado fueron destruidas cuando Jesucristo nos redimió en la cruz.

Cuando creemos en Él, y somos bautizados en agua, se nos recuerda que somos libres del pecado y del poder del diablo. Satanás quería que fuéramos esclavos del pecado, pero Dios lo derrotó enviando a Jesús.

De la misma forma que Moisés dividió las aguas del Mar Rojo, Jesús abrió un camino para que tengamos vida eterna. Esto es lo que celebramos cada vez que alguien es bautizado. Es una forma poderosa de declarar públicamente lo que Jesús ha hecho por nosotros:

- El bautismo es un poderoso recordatorio de que Jesús nos ha limpiado.

- El bautismo simboliza la muerte y resurrección de Jesús. Cuando entramos al agua, se nos recuerda que Cristo murió por nosotros; cuando salimos del agua, declaramos que Jesús ha resucitado de entre los muertos.

- El bautismo es una poderosa declaración de que hemos cerrado la puerta a nuestros pecados pasados para siempre. Cuando nos bautizamos, renunciamos a Satanás, a sus demonios, y a todos los ídolos falsos. Prometemos nuestra completa lealtad a Jesús al ser bautizados en Su nombre.

- El bautismo le da al nuevo creyente la oportunidad de identificarse como cristiano ante los demás. Jesús dijo: "Por lo tanto, a cualquiera que me confiese delante de los hombres, yo también le confesaré delante de mi Padre, que está en los cielos" (Mateo 10:32).

Si has elegido seguir a Jesús como tu Señor y aún no lo has hecho, debes planear el importante paso del bautismo público en agua. Este paso de obediencia será un momento decisivo en tu caminar con Cristo.

VAMOS MÁS **PROFUNDO**

Lee Romanos 6:3–7. Según este pasaje, ¿qué hace por nosotros el bautismo en agua?

1. Lee Colosenses 2:12–13. Describe lo que le sucede a un cristiano durante el bautismo en agua.

2. ¿Qué otra cosa nos sucede cuando somos bautizados de acuerdo con Gálatas 3:27?

3. Lee Hechos 22:15–16. Cuando Pablo se convirtió a Jesús, Ananías le dijo que se bautizara rápidamente. ¿Por qué crees que es importante bautizarse sin tardanza?

HABLEMOS AL RESPECTO

¿Ya has sido bautizado en agua? Si no, ¿qué te impide hacerlo?

Versículo para memorizar

Por tanto, hemos sido sepultados con Él para muerte por el bautismo, a fin de que, como Cristo resucitó de los muertos por la gloria del Padre, así también nosotros andemos en vida nueva.

—ROMANOS 6:4

MATEO

Comprendió la misión del Mesías

Mateo se crio como judío en Israel, pero era un candidato poco probable para seguir a un rabino judío como Jesús. Esto debido a que Mateo era recaudador de impuestos; sus compatriotas lo habrían considerado un traidor porque fraternizaba con los soldados romanos y respaldaba su opresión económica. Cuando Mateo decidió seguir a Jesús, organizó una fiesta en su casa. Los prejuiciosos fariseos criticaron a Jesús cuando lo vieron con Mateo y sus amigos, y le preguntaron por qué "comía con los publicanos y pecadores" (Mateo 9:11). Tal vez Jesús miró a los ojos a Mateo, su nuevo discípulo, cuando respondió: "No he venido a llamar a justos, sino a pecadores" (v. 13).

A pesar del trasfondo pecaminoso de Mateo, Jesús lo eligió para que fuera un testigo importante de Su vida y ministerio. Mateo tenía la especial misión de probar al pueblo judío que Jesús era el Mesías prometido por escritores del Antiguo Testamento como Miqueas, Oseas, Jeremías, Isaías, Malaquías, David, y Moisés. Mateo cita a estos hombres veintinueve veces, más que cualquier otro escritor de los evangelios. Estructuró el suyo ingeniosamente, de una manera única, en torno a cinco sermones de Jesús. Esto habría recordado a los judíos la Torá, los cinco primeros libros del Antiguo Testamento, que fueron escritos por Moisés. Algunos eruditos han llamado al Evangelio de Mateo "una nueva Torá".1

En su Evangelio Mateo compara sutilmente a Jesús con Moisés, pero demuestra dramáticamente que Jesús era mejor que Moisés en todos los sentidos. En el Antiguo Testamento, Moisés subió al Monte Sinaí y recibió de Dios los diez mandamientos. En el Evangelio de Mateo, Jesús subió a la cima de una montaña y predicó sobre las actitudes de amor, humildad, paciencia, mansedumbre y pureza que debemos tener en nuestro corazón. Moisés nos dio una lista de normas que cumplir, pero Jesús nos da la gracia para que la Ley pueda ser escrita en nuestros corazones. Para todos los judíos y el resto del mundo, Mateo apuntó al Mesías, que vino del cielo para salvarnos.

El más grande de todos los libros
¿Por qué los cristianos aprecian la Biblia?

"Creo que la Biblia es el mejor regalo que Dios ha hecho al hombre. Todo el bien del Salvador del mundo se nos comunica a través de este libro".
—ABRAHAM LINCOLN (1809–1865)
DECIMOSEXTO PRESIDENTE DE LOS ESTADOS UNIDOS

UNA DE LAS primeras cosas que notarás cuando te conviertas en cristiano es que a todos tus nuevos amigos cristianos les encanta la Biblia. La leen regularmente, se reúnen en pequeños grupos para estudiarla, escuchan predicar sobre ella a los pastores, cantan y ven videos en internet al respecto. Muchos cristianos también memorizan versículos de la Biblia o cuelgan sus versículos favoritos en las paredes de sus hogares. La Biblia, obviamente, es muy importante para las personas que siguen a Jesús. Pero, ¿por qué?

La Biblia es un libro bastante inusual. Más de cuarenta autores diferentes escribieron partes de la Biblia durante un lapso de mil seiscientos años y, aun así, el mensaje central guarda una coherencia espectacular. Los sesenta y seis libros de la Biblia fueron escritos por profetas, reyes, historiadores, sacerdotes, pastores, soldados, pescadores, e incluso un médico. Los textos originales fueron escritos en papiros antiguos. Luego se copiaron y volvieron a copiar fielmente. Sin embargo, este libro excepcional se ha conservado intacto hasta nuestros días.

De principio a fin, desde Génesis hasta Apocalipsis, el mensaje de la Biblia se centra en un Dios amoroso que tiene un plan para redimir a la raza humana del pecado, de modo que puedan conocerlo y adorarlo para siempre. El Antiguo Testamento se escribió en hebreo, y el Nuevo Testamento en griego, pero hoy en día la Biblia completa ha sido traducida a más de 717 idiomas.[2] Es el libro más vendido de todos los tiempos. Aunque la publicación de la Biblia es difícil de rastrear a nivel mundial, un estudio reciente mostró que se han vendido entre cinco mil y siete mil millones de Biblias.[3] La Biblia parece tener un atractivo universal para los lectores de todo el mundo.

Los cristianos tienen tres creencias básicas sobre la Palabra de Dios.

1. La Biblia fue inspirada sobrenaturalmente por Dios. Las palabras de la Biblia no son solo sabiduría humana o filosofía; los cristianos creen que el Espíritu Santo habló divinamente a los autores de la Biblia y les dio las palabras. Esto se confirma en 2 Pedro 1:20–21:

> Pero ante todo sepan esto, que ninguna profecía de la Escritura es asunto de interpretación privada, pues ninguna profecía se hizo jamás por un acto de voluntad humana, sino que hombres movidos por el Espíritu Santo hablaron de parte de Dios.

Esto debería animarte a tratar la Biblia con asombro y respeto. ¡No es un libro cualquiera! Es una carta de amor enviada desde el corazón de Dios al tuyo. Por eso llamamos a la Biblia "la Palabra de Dios".

2. La Biblia fue compilada y preservada sobrenaturalmente por Dios. Si Dios inspiró a distintos escritores a transmitir Su mensaje al mundo, entonces Él ciertamente tenía el poder para proteger esas palabras y ponerlas en un libro para que las leyéramos. Los cristianos creen que Dios trabajó a través de sus seguidores durante siglos para compilar estos escritos sagrados y evitar que se incluyeran escritos no inspirados.

En el período del Antiguo Testamento los judíos fieles conservaron los antiguos rollos de Moisés, David, Isaías, Salomón, Jeremías y otros escritores, y compartieron un consenso sobre qué libros fueron divinamente inspirados. Estos treinta y nueve libros se convirtieron en el "canon" o "estándar" de las Escrituras recopiladas del Antiguo Testamento. Lo mismo ocurrió en los primeros días del Nuevo Testamento, cuando los líderes de la iglesia fueron guiados por el Espíritu Santo a publicar y recomendar solo los escritos con inspiración divina. Es por eso que el Nuevo Testamento tiene sus veintisiete libros.

Y así tenemos la Biblia en su forma actual. Los líderes de la iglesia primitiva también enseñaron que la Biblia concluía con el Apocalipsis del apóstol Juan y que no eran necesarios más libros de la Biblia. Consideraban que el canon de las Escrituras estaba cerrado. El "amén" de Juan en el último versículo de la Biblia, Apocalipsis 22:21, marca el final de la Biblia.

3. La Biblia es sobrenaturalmente suficiente para nosotros.
Jesús enseñó que debemos amar las Escrituras más que nuestro alimento diario. Cuando fue tentado en el desierto, le dijo al diablo:

Escrito está: "No solo de pan vivirá el hombre, sino de toda palabra que sale de la boca de Dios".

—MATEO 4:4

En otras palabras, la Biblia contiene todo lo que necesitamos. Proporciona sabiduría para la vida diaria, consejo para nuestros problemas, consuelo para nuestro dolor, advertencias acerca de nuestra naturaleza pecaminosa, y revelación teológica sobre los caminos y el carácter de Dios.

La Biblia es nuestra principal fuente de verdad. No tenemos que acudir a ningún otro recurso espiritual para encontrar la verdad sobre Dios. No la encontraremos en el Corán, en textos hindúes, en escritos budistas, en libros sobre la Nueva Era o el ocultismo. No tenemos que buscar el sentido de la vida en los escritos de filósofos mundanos. Si intentamos encontrar la verdad en otras religiones, terminaremos insatisfechos y engañados. La Biblia tiene, en sí misma, lo que necesitamos. Es nuestro pan de cada día.

VAMOS MÁS **PROFUNDO**

El salmo 119 está casi en el centro de la Biblia, y es su capítulo más largo. Curiosamente, todo el salmo trata sobre la importancia de las Escrituras. Por eso lo llamo "la columna vertebral" de la Biblia. Desde su "corazón", este destacado salmo nos llama a apreciar la palabra de Dios

Lee estos versículos del salmo 119 y enumera los beneficios de leer la palabra de Dios.

1. Salmos 119:5–6

2. Salmos 119:9–10

3. Salmos 119:11

4. Salmos 119:104

5. Salmos 119:105

6. Salmos 119:129–130

7. Salmos 119:133

8. Si realmente creemos que la Biblia es la palabra inspirada de Dios, que proviene directamente de Él, solo tenemos que someternos a su autoridad en nuestras vidas. Lee Hebreos 4:12 y escribe el efecto que la palabra de Dios tendrá en nosotros.

9. Lee 2 Timoteo 3:16–17. ¿De qué manera nos ayudarán las Escrituras si las aceptamos como la Palabra inspirada de Dios?

10. Lee Lucas 11:28. No basta con leer la Biblia. ¿Qué más debemos hacer?

HABLEMOS AL RESPECTO

¿Qué podrías hacer para darle a la palabra de Dios una mayor prioridad en tu vida que la que ocupa actualmente?

Versículo para memorizar

La suma de tu palabra es verdad, y cada una de tus justas ordenanzas es eterna.

—Salmos 119:160

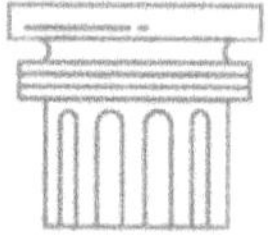

JUAN EL BAUTISTA

Preparó el camino al Señor

Hijo de un sacerdote judío, Juan el Bautista fue el último de los grandes profetas del Antiguo Testamento. Antes de su nacimiento, un ángel declaró que sería como el poderoso Elías y que volvería el corazón de la gente a Dios. También se profetizó que Juan "prepararía al Señor un pueblo dispuesto" (Lucas 1:17). Su única tarea consistía en despejar el camino para que Jesucristo viniera a este mundo.

Y eso es lo que ocurrió. Jesús nació solo seis meses después de Juan. En un momento caótico de la historia de Israel, cuando los soldados romanos oprimían al pueblo judío, Juan comenzó a predicar un vigoroso mensaje de arrepentimiento. Era como una "aplanadora" espiritual, que exigía el arrepentimiento del orgullo, la codicia, el odio y el egoísmo mientras ejercía su ministerio en el desierto, cerca del río Jordán. Juan convocó a los judíos a regresar a su primer amor, y bautizó a cientos de personas.

Pero cuando Jesús se presentó en la orilla del río para ser bautizado —y comenzar su misión redentora— Juan lo miró y declaró: "He aquí el Cordero de Dios, que quita el pecado del mundo!" (Juan 1:29). Debido a la unción especial sobre Juan (había sido lleno del Espíritu Santo desde que estaba en el vientre de su madre), comprendió como pocos el propósito de Jesús. Dijo también, refiriéndose a Él: "Después de mí viene un Hombre que tiene un rango más alto que el mío, porque existía antes que yo" (Juan 1:30). Juan sabía que Jesús era el Hijo de Dios, que había venido del cielo a rescatar a la humanidad y para marcar el inicio de un nuevo pacto de gracia y perdón.

Era necesaria una gran humildad para que este fogoso predicador se hiciera a un lado, permitiendo que Jesús ocupase el centro del escenario. Juan sabía que tenía que menguar, y que Jesús crecería. En lugar de atraer a la gente hacia sí mismo, Juan centró la atención de los judíos en Jesús y los urgió a seguirlo. Fue un testigo fiel de Jesús hasta ser decapitado por el rey Herodes. Juan nos recuerda, incluso hoy, que todos debemos preparar nuestros corazones para recibir al Señor.

La ley en nuestros corazones
¿Por qué Dios hizo un Nuevo Pacto?

> "En el Antiguo Testamento el hombre había fracasado en lo que tenía que hacer. En el Nuevo, Dios debe hacer todo en él. El Antiguo solo podía condenar el pecado. El nuevo vino para quitarlo y limpiar el corazón de su inmundicia. En el Antiguo era el corazón lo que estaba mal; para el Nuevo se ha provisto un corazón nuevo".
> —ANDREW MURRAY (1828-1917)
> PASTOR Y ESCRITOR SUDAFRICANO

CUANDO citamos una fecha histórica, a menudo mencionamos si el año es "a.C.", que significa "antes de Cristo", o "d.C.", abreviatura de *anno Domini*, frase latina para decir: "en el año de nuestro Señor".[1] En otras palabras, la venida de Jesucristo a este mundo en realidad dividió el tiempo en dos partes: el período anterior a Jesús y los siglos posteriores. ¡Así de importante es Jesucristo en nuestro mundo!

La Biblia, si nos fijamos, también sigue esta regla general. Está dividida en dos partes. El Antiguo Testamento, también conocido como el antiguo pacto, cubre los siglos desde la creación hasta la venida de Jesús. El Nuevo Testamento, o nuevo pacto, abarca el ministerio de Jesús y la actividad del Espíritu Santo después de la muerte y resurrección de Jesús.

Estos dos pactos no son simplemente períodos de tiempo distintos. Representan dos formas muy diferentes en las que Dios interactuó con su pueblo. En los días de Moisés, Dios instituyó el sistema del antiguo pacto, al que llamamos la Ley. En este período, Dios dio un elaborado sistema de reglas, regulaciones y rituales a sus seguidores israelitas, y exigió a las personas que obedecieran sus mandamientos o sufrieran las consecuencias del pecado.

Pero la Biblia dice que cuando Jesús vino a esta tierra y murió en la cruz por nosotros, Su acto de redención inauguró un nuevo pacto.El orden del antiguo pacto finalizó y comenzó uno nuevo, con sus propias disposiciones. ¡Jesús cambió todo! Como cristiano debes entender que ahora vives en el período del nuevo pacto, y puedes experimentar las bendiciones que este trajo.

Espero que te des cuenta de lo bendecido que eres por no vivir bajo las restricciones del antiguo pacto. Aquí tenemos una descripción parcial de cómo era la vida bajo la Ley.

- Después que Dios dio sus leyes morales, dijo que quienes las obedecieran serían bendecidos, pero quienes las desobedecieran serían maldecidos (véase Deuteronomio 28:1–15). El problema es que todos los seres humanos son pecadores, por lo que nadie puede cumplir todas las leyes de Dios, —ni siquiera las personas que se esfuerzan por ser moralmente superiores.

- La Ley contenía muchas normas. Requería, por ejemplo, que todos los adoradores asistieran a ciertos eventos anuales, se adhirieran a una dieta estricta, dejaran de trabajar en sábado, y siguieran páginas y páginas de otras reglas. En realidad, una persona nunca podría agradar verdaderamente a Dios a menos que fuera perfecta.

- A causa del pecado Dios exigió a Sus seguidores llevar sacrificios de animales a su lugar de culto. Dependiendo de su pecado traían ovejas, cabras, aves, u ofrendas de grano. Entonces los sacerdotes judíos sacrificaban los animales mientras el adorador observaba; así los adoradores podían ser limpiados ritualmente. Estos sacrificios tenían que efectuarse con regularidad.

- Quienes adoraban al Dios verdadero no podían acercarse a Él, ni siquiera cuando ofrecían sacrificios de animales. El adorador promedio traía sus ofrendas a la puerta del tabernáculo o del templo, y luego los sacerdotes designados entraban y adoraban a Dios en nombre del pueblo.

- Ni siquiera los sacerdotes podían entrar al santuario interior, donde estaba la presencia de Dios. Una gruesa cortina separaba a los sacerdotes del arca del pacto, que contenía los rollos de la Ley. Nadie era lo suficientemente bueno para presentarse ante Dios.

- Además, bajo el antiguo pacto, Dios estaba totalmente centrado en la pequeña nación de Israel. Llamó a este pueblo especial a seguirlo, y los que estaban fuera de Israel —los gentiles— no se beneficiaban en forma alguna de las bendiciones de Dios.El antiguo pacto era estricto, ¡y estaba severamente restringido!

Afortunadamente, Dios promulgó un nuevo pacto con Su pueblo. Utilizó el antiguo pacto para mostrarnos que los seres humanos no podemos alcanzar la santidad por nosotros mismos. Somos irremediablemente resabiados y pecadores. Las reglas de Dios eran perfectas y santas, pero no tenían poder de ayudarnos a ser santos, solo revelaban nuestra oscura naturaleza. Así que en lugar de mantener un estándar imposible de perfección sobre nosotros, Dios dejó de lado el antiguo pacto e hizo uno nuevo. Lo anticipó a través del profeta Jeremías cuando dijo:

"He aquí que vienen días —declara el Señor— en que haré un nuevo pacto con la casa de Israel y con la casa de Judá, no como el pacto que hice con sus padres el día que los tomé de la mano para sacarlos de la tierra de Egipto, Mi pacto que ellos quebrantaron, aunque yo fui un esposo para ellos —declara el Señor—. "Pero este es el pacto que haré con la casa de Israel después de aquellos días —declara el Señor—: Pondré Mi ley dentro de ellos y la escribiré en su corazón; y yo seré Su Dios, y ellos serán Mi pueblo".

—Jeremías 31:31–33

Dios creó un orden completamente inédito bajo este nuevo pacto, y la carta a los Hebreos nos dice que este sistema es "mejor" en todos los sentidos. Así es como funciona ahora:

- En lugar de requerir sacrificios interminables de animales para limpiarnos del pecado, Dios sacrificó a Su propio Hijo, Jesús, quien fue el sacrificio perfecto.

- Dios pone Su Espíritu dentro de cada persona que cree en Jesús, y el Espíritu Santo nos da el poder para vencer el pecado y obedecer al Señor. Así es como Dios "escribe" Su ley en nuestros corazones, según Jeremías 31:33.

- Bajo el nuevo pacto, no tenemos que estar lejos de Dios y adorar a la distancia. La Biblia dice que cuando Jesús murió en la cruz, "el velo del templo se rasgó en dos de arriba a abajo" (Mateo 27:51). Esto simbolizaba cuán en serio se tomaba Dios lo de tener una relación cercana e íntima con Su pueblo. Rasgando ese velo, Dios puso fin al sistema del antiguo pacto.

- Después que Jesús pagó por nuestros pecados, el templo fue destruido y el sistema de sacrificios terminó. La ley moral de Dios sigue en pie, pero los cristianos reconocemos que solo a través del poder de Cristo que mora en nosotros, podemos agradar a Dios.

- Además, después de que Jesús pagó por nuestros pecados, no solo los judíos, sino también personas de toda raza y nacionalidad pudieron disfrutar de compañerismo con Dios.

A veces los escritores de la Biblia usaron las palabras *ley* y *gracia* para describir la diferencia entre el antiguo y el nuevo pacto. Por ejemplo, Juan dice en su Evangelio: "Porque la Ley fue dada por medio de Moisés; la gracia y la verdad fueron hechas realidad por medio de Jesucristo" (Juan 1:17).

La palabra *gracia* se define como un favor generoso e inmerecido, y describe el inmerecido amor que recibimos de Dios por el sacrificio misericordioso de Jesús. Las leyes de Moisés exigían una obediencia perfecta de nuestra parte, pero bajo la gracia hasta los peores pecadores pueden encontrar perdón.

Y la palabra *gracia* solo aparece nueve veces en el Antiguo Testamento, pero 122 en el Nuevo (edición de 1995 de la New American Standard Bible). Debido a la bondad y misericordia de Jesús, la gracia de Dios es abundante para con nosotros. Debería saturar nuestras vidas. ¡Espero que estés agradecido por vivir en la era de la gracia!

VAMOS MÁS **PROFUNDO**

1. Lee Jeremías 31:31–33. ¿Cómo describirías la diferencia entre el antiguo y el nuevo pacto?

____

2. Lee Efesios 2:8–9. Este pasaje dice que no podemos ser salvos guardando las leyes de Dios o por nuestro propio mérito. ¿Cómo somos salvos?

____

3. Lee Romanos 8:3. La Ley, bajo el antiguo pacto, era demasiado débil para salvarnos del pecado. ¿Qué hizo entonces Jesús por nosotros?

____

4. Lee Hebreos 4:16. Bajo el nuevo pacto no tenemos que guardar distancia de Dios porque Él ha eliminado lo que nos separaba. ¿Cómo debemos acercarnos a Dios ahora?

____

5. Lee 1 Juan 2:1. Jesús es descrito en este versículo como nuestro "Abogado", lo que significa que es como el jurista en un tribunal, que argumenta nuestro caso y nos declara inocentes. Si pecas después de comenzar tu caminar con Jesús, ¿que debes hacer?

____

HABLEMOS AL RESPECTO

Intenta explicar la diferencia entre el antiguo y el nuevo pacto, y por qué el nuevo pacto es mucho mejor.

Versículo para memorizar

Porque por gracia habéis sido salvados por medio de la fe; y esto no de vosotros, es el don de Dios; no el resultado de las obras, para que nadie se gloríe.

—Efesios 2:8–9

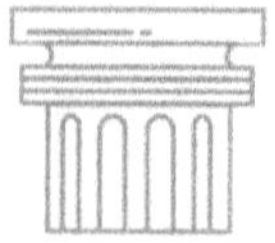

MARÍA MAGDALENA

Una testigo de la resurrección de Cristo

María Magdalena fue una de las seguidoras más devotas de Jesús. Debió tener un pasado turbulento, pues la Biblia nos dice en Lucas 8:2 que Jesús expulsó de ella siete demonios. Sin embargo, formaba parte del círculo de amigos de Jesús, y junto con otras mujeres discípulas, contribuyó financieramente a la misión de Jesús. Cuando Jesús fue crucificado, María permaneció con valentía cerca de la cruz y lo vio morir.

La mañana en que Jesús resucitó de entre los muertos, María acudió al sepulcro con las demás mujeres para embalsamar Su cuerpo con especias. Allí se ganó un asiento en primera fila para presenciar el mayor milagro de la historia. Cuando vio que la piedra había sido removida del sepulcro, miró adentro y vio dos ángeles, uno a la cabecera y otro a los pies de la tumba. Cuando se dio la vuelta, Jesús resucitado estaba ahí, de pie, y la llamó por su nombre: "¡María!".

Su leal discípula quedó tan impactada al ver vivo a Jesús que se agarró de Él. Podía verlo con sus ojos, pero quería sentir con sus manos que en realidad era Su Maestro. Jesús le dijo entonces: "Deja de aferrarte a mí, porque aún no he subido al Padre; pero ve a mis hermanos y diles: 'Subo a mi Padre y a vuestro Padre, a mi Dios y a vuestro Dios'"(Juan 20:17). María no solo fue uno de los testigos clave de la resurrección, sino que Jesús la comisionó para que dijera a Sus seguidores hombres que Él había vencido a la muerte.

En tiempos de Jesús, ni siquiera se confiaba en las mujeres como testigos ante un tribunal, pero el Señor rompió esa tradición, llamando a una mujer para que anunciara esa gloriosa noticia. María nos recuerda hoy que Jesús sigue llamando a personas rotas, no calificadas y marginadas para difundir las buenas nuevas de Su amor al mundo.

El enemigo de nuestras almas

¿Quién es exactamente el diablo?

"¡La treta más astuta del diablo es persuadirte de que no existe!"
—CHARLES BAUDELAIRE (1821–1867)
POETA FRANCÉS

TAN PRONTO como Jesús comenzó Su ministerio en Israel, tuvo un dramático encuentro con Satanás mismo. Mientras Jesús ayunaba y oraba durante cuarenta días en el desierto, el diablo llegó a oponérsele. De la misma forma que había tentado a Adán y Eva en el jardín del Edén para que se alejaran de Dios, Satanás invitó a Jesús a postrarse y adorarlo. Pero a diferencia de Adán y Eva, Jesús no fue engañado por la serpiente. Jesús le citó las Escrituras a Satanás las tres veces que fue tentado, y este, finalmente, lo dejó (véase Mateo 4:1–11).

Ese no fue el último encuentro de Jesús con Satanás o sus demonios. Justo después de que Jesús llamara a Pedro, Andrés, Santiago y Juan para que fueran Sus discípulos, fueron a una sinagoga en Cafarnaúm, y un hombre poseído por un demonio empezó a gritar fuertemente. Jesús reprendió al demonio, y el hombre entró en convulsiones hasta que el demonio salió (véase Marcos 1:21–26). Esta escena se repitió a menudo. De hecho, Jesús expulsó tantos demonios de las personas, que la gente común se asombró y dijo: "¿Qué es esto? ¡Una nueva enseñanza con autoridad! Manda aun a los espíritus inmundos y le obedecen" (Marcos 1:27).

La Biblia nos enseña que Satanás es un ser personal y espiritual: el máximo enemigo de Dios. No es un personaje de ficción. Satanás es real, y tiene todo un séquito de seguidores conocidos como demonios o espíritus malignos, que sirven en una jerarquía siniestra para luchar contra los planes de Dios. No tienes que temerle al diablo, pero como creyente en Cristo, debes conocer a tu enemigo. Aquí hay algunas verdades que debes saber:

El diablo es un ángel caído. Satanás fue creado originalmente como un ángel para servir a Dios, pero fue expulsado del cielo por causa de su orgullo (véase Ezequiel 28). Hollywood ha posicionado la idea de que Satanás tiene cuernos, una capa roja, y un tridente, pero esta representación se basa en el folclore medieval, no en la Biblia. De hecho, la Biblia dice que el diablo es un ingenioso "maestro del disfraz" y que prefiere aparecer como un "ángel de luz" (2 Corintios 11:14). Sin discernimiento espiritual, la mayoría de la gente ni siquiera reconoce que el diablo está actuando.

Satanás tiene un reino. Debido al pecado del hombre, Satanás obtuvo acceso para manipular y controlar este mundo temporalmente. Primera de Juan 5:19 dice: "Sabemos que somos de Dios, y que el mundo entero está en poder del maligno". Esto significa que Satanás y sus oscuros ejércitos de demonios pueden mover los hilos, tentar a la gente, y atraer a los pecadores para que hagan cosas malvadas. Satanás odia a Dios, y utiliza el odio, la guerra, la violencia, la inmoralidad, el abuso infantil, la injusticia, la división, la brujería, la pobreza, la enfermedad, las drogas, el alcohol y la idolatría para destruir a las personas que Dios creó. Hablando de Satanás, Jesús dijo: "El diablo no viene sino para robar, matar y destruir" (Juan 10:10). El reino de Satanás está cimentado sobre la perversidad y el mal absoluto.

El diablo no es todopoderoso. Dios es omnipresente, pero el diablo no tiene esa clase de influencia. Satanás no puede estar en todas partes al mismo tiempo. Jesús dijo que veía a Satanás "caer del cielo como un rayo" (Lucas 10:18), refiriéndose al momento en que nuestro enemigo fue expulsado de lo más alto del cielo. Satanás ubica a sus demonios en diversas regiones, pero no nos vigila las veinticuatro horas del día.

Cristo ha derrotado a Satanás. Cuando Jesús murió en la cruz, desarmó a los poderes satánicos y expuso públicamente su espectáculo (Colosenses 2:15). La autoridad de Satanás le ha sido quitada, y todo lo que puede hacer ahora es mentir, robar, matar y destruir —como un ejército terrorista renegado— hasta que la Iglesia termine el trabajo de predicar el Evangelio al mundo. Satanás sabe que su fin está cerca.

Los cristianos tienen poder sobre los demonios. Antes de ascender al cielo, Jesús anunció: "Estas señales acompañarán a los que han creído: en mi nombre expulsarán demonios" (Marcos 16:17). Muchas veces en el libro de Hechos encontramos casos en que los seguidores de Jesús expulsan demonios. Películas como *El exorcista* tratan de glorificar a los demonios y hacerlos parecer todopoderosos, pero los cristianos no tienen que temer a los espíritus inmundos. Los demonios deben irse cuando les ordenamos que se vayan en el nombre de Jesús.

El diablo finalmente será condenado al infierno. Jesús dijo que el infierno "ha sido preparado para el diablo y sus ángeles" (Mateo 25:41), y Apocalipsis 20:10 anuncia que después del juicio final Dios arrojará a Satanás "al lago de fuego y azufre" donde será "atormentado día y noche por los siglos de los siglos". Eso es lo que más teme el diablo.

El reino de Dios es mucho más poderoso que el reino de Satanás. Si eres un creyente en Cristo, no tienes ninguna razón para temer al diablo. No debemos ser ignorantes en cuanto a los planes de Satanás, y es preciso desarrollar discernimiento para saber dónde está obrando, pero no hay que tenerle miedo. Las palabras del apóstol Pablo en Romanos 16:20 (MEV) nos recuerdan nuestra victoria: "El Dios de paz aplastará pronto a Satanás bajo vuestros pies". Sabemos que un día, gracias la victoria de Cristo en la cruz, Satanás será derrotado para siempre.

VAMOS MÁS **PROFUNDO**

1. ¿Cómo se describe al diablo en Efesios 2:1–2?

2. Lee 2 Corintios 4:3–4. Di una forma en que el diablo daña a las personas?

3. Lee Juan 8:44. ¿Cómo se describe a Satanás en este pasaje?

4. ¿Cómo se describe el reino de Satanás en Efesios 6:12?

5. El apóstol Pablo dijo que debemos ponernos "toda la armadura de Dios" para protegernos de los ataques de Satanás. No estás indefenso. Dios nos ha provisto de armas espirituales para vencer el poder de Satanás. ¿Cuáles son los componentes de esta armadura según Efesios 6:13–17?

6. Lee 2 Corintios 11:3. Enuncia una forma en que Satanás ataca a los cristianos.

____

____

7. ¿Cómo se describe a Satanás en 1 Pedro 5:8–9, y cómo debemos responder a sus ataques agresivos?

____

____

HABLEMOS AL RESPECTO

¿Has permitido alguna vez que el diablo influya en tu vida, ya sea a través de prácticas ocultas o cosas malignas de otro tipo? Si es así, pide a tu grupo pequeño que ore por ti.

Versículo para memorizar

Someteos, pues, a Dios. Resistid al diablo, y huirá de vosotros.

—Santiago 4:7

JUAN

El discípulo amado

En el Evangelio que lleva su nombre, Juan se refiere a sí mismo como el discípulo "a quien Jesús amaba" (Juan 13:23). Es posible que comprendiera quién era Jesús mejor que cualquier ser humano que haya vivido. Junto con Pedro y Santiago, Juan estaba en el círculo más íntimo de Jesús. Vio a Jesús en toda Su gloria celestial cuando se transfiguró en la montaña. Mientras todos los demás discípulos varones estaban dispersos y escondidos, Juan estuvo junto a la cruz, con algunas de las valientes seguidoras de Jesús, y fue testigo de Su muerte. Dos días después, Juan entró en la tumba vacía de Jesús y vio sus vendajes doblados.

La noche antes de que Jesús fuera crucificado, Juan se sentó junto a Él durante la cena de pascua y apoyó su cabeza sobre el pecho de Jesús. Probablemente esta era una postura normal para Juan, porque se sentía cómodo y seguro estando cerca del Señor. Este nivel de intimidad con Jesús es un ejemplo para todos nosotros. Juan nos enseñó a ser seguidores apasionados de Cristo.

La relación especial de Juan con Jesús también puede verse al final de la Biblia. Tras ser desterrado a la isla de Patmos, en el mar Egeo, Juan tuvo una visión sobrenatural de Jesús resucitado que llamamos "el Apocalipsis." Es el último libro de la Biblia y contiene las últimas palabras que Jesús registró en las Escrituras. Como Juan estaba tan cerca del Señor, se confió en él para transmitir este importante mensaje final del cielo, que revela a Jesús como Rey de todos los reyes y soberano del universo. Juan vio a Jesús en toda su gloria celestial, y escribió el último amén al final de la Biblia.

LECCIÓN 14

El regalo de la vida eterna

Lo que dice la Biblia sobre el cielo y el infierno

LA MAYORÍA de la gente rara vez piensa en la eternidad. Si son ateos, lo más probable es que se adhieran a la teoría de la evolución. Suponen que no existe un Creador, ya que no ven pruebas concretas de Su existencia. Creen que los seres humanos evolucionaron lentamente a partir de una sopa biológica primordial y que este mundo va a la deriva, sin rumbo fijo, por las galaxias, sin propósito y sin un diseñador inteligente detrás de todo. Asumen que cuando las personas mueren, sus cuerpos simplemente se descomponen en moléculas sin sentido, como todos los demás animales y plantas. Se burlan de la idea de una vida después de la muerte.

Otras personas pueden decir que creen en la vida después de la muerte, pero centran todas sus energías en las cosas de este mundo. Los llamamos *materialistas*. Persiguen sin cesar el éxito mundano, dinero, fama, comodidad, o placer. El único momento en que se atreven a pensar en la muerte es cuando asisten a un funeral —que es un recordatorio crudo e incómodo de que la vida es corta y las cosas materiales son efímeras—.

También hay personas que creen en la reencarnación. Asumen que cuando esta vida termina, los seres humanos, e incluso los animales, regresan a la tierra en una forma diferente, tal vez basada en su comportamiento anterior. Esta es la visión tradicional de hinduismo, pero muchas personas que no son hindúes la han adoptado como su punto de vista. Algunos se someten a "terapia de regresión" o hipnosis para determinar quiénes fueron en una vida pasada.

Los cristianos, sin embargo, tienen una visión muy diferente de la vida en esta tierra. La Biblia dice que la vida es muy corta y que cuando se acabe nos enfrentaremos a las consecuencias de nuestras elecciones. Hebreos 9:27 deja esto claro:

> *Y así como se ha establecido que los hombres mueran una sola vez y después de esto venga el juicio, así también Cristo, habiendo sido ofrecido una sola vez para llevar los pecados de muchos, aparecerá por segunda vez para salvación sin relación con el pecado, a los que ansiosamente lo esperan.*

Este versículo nos dice:

- Solo vivimos y morimos una vez —no hay reencarnación—.

- Después de morir, nos enfrentaremos a nuestro Creador.

Y:

- Los que creen en Cristo serán salvados de la muerte —lo que significa que tendrán vida eterna—.

La Biblia también nos dice en otra parte que aquellos que rechacen la misericordia de Jesucristo durante su vida en la tierra se enfrentarán a un juicio basado en su comportamiento.

Pero los cristianos tienen una gloriosa esperanza de vida eterna con Dios. El autor Randy Alcorn lo expresa de esta manera: "Si eres un hijo de Dios *no solo* 'das una vuelta' por la tierra. No obtienes solamente una vida terrenal. Tendrás otra, una mucho mejor y sin fin. ¡Habitarás la Tierra Nueva! Vivirás con el Dios que aprecias y con las personas que amas, como una persona imperecedera en una Tierra imperecedera".[1]

La vida es corta y debemos utilizar nuestro tiempo en esta tierra para servir a Dios y honrarlo. La brevedad de la vida es un tema común en toda la Biblia. Moisés, que vivió 120 años y escribió los primeros cinco libros de la Biblia, también escribió el salmo más antiguo. Él dijo en el Salmo 90:10: "En cuanto a los días de nuestra vida, son setenta años, o si las fuerzas nos acompañan, ochenta años, pero su orgullo no es más que trabajo y tristeza; porque pronto se han ido y volamos lejos". Otros versículos de la Biblia revelan este tema común:

- "El hombre es como un mero soplo; sus días son como una sombra que pasó" (Salmos 144:4).

- "He aquí, has dado a mis días término corto, y mi vida es como nada ante ti. ¡Toda la humanidad es como un suspiro!" (Salmos 39:5, ESV).

- "Toda carne es como la hierba, y toda su gloria como la flor de la hierba. La hierba se seca, y la flor se cae" (1 Pedro 1:24, EVS).

Mientras vivimos en este tierra, Dios nos da amplias oportunidades para responder a Su amor. Él ofrece Sus bendiciones tanto a justos como a injustos, pero Su deseo es que todas las personas se arrepientan de sus pecados y acepten el regalo de la salvación, que fue comprado por Jesús. 2 Pedro 3:9 dice: "El Señor no tarda en cumplir Su promesa, como algunos la tienen por tardanza, sino que es paciente para con vosotros, no queriendo que ninguno perezca, sino que todos procedan al arrepentimiento". Amorosamente Él ofrece este regalo de la vida eterna a todos, y los beneficiarios tienen toda una vida para responder, pero muchas personas optan por rechazarlo.

VAMOS MÁS **PROFUNDO**

Los cristianos tienen varias creencias fundamentales sobre la vida después de la muerte que están claramente confirmadas en las Escrituras:

A todas aquellas personas en esta tierra que pongan su fe en Jesucristo se les dará el don de la vida eterna. Jesús dijo: "Les aseguro que todo el que tiene fe en mí tiene vida eterna" (Juan 6:47, CEV). El apóstol Pablo escribió: "Porque la paga del pecado es muerte, pero la dádiva gratuita de Dios es vida eterna en Cristo Jesús, Señor nuestro" (Romanos 6:23). En realidad la vida eterna comienza en el momento en que depositamos nuestra fe en Cristo y confiamos en Él para que nos salve. Pero cuando muramos, nuestros espíritus abandonaran inmediatamente nuestros cuerpos, y seremos conducidos a la presencia de Dios en el cielo.

1. Comparte una forma en que podemos saber que tenemos vida eterna, según 1 Juan 3:14.

2. Lee Juan 11:26. ¿Qué quiere decir Jesús cuando afirma que "nunca moriremos"?

Las personas que rechazan la misericordia de Dios vivirán en la oscuridad de la eterna separación de Dios. Esta no es una doctrina popular, pero la Biblia es dolorosamente clara en cuanto a que las personas que decidan rechazar el perdón de Cristo serán excluidas de los beneficios y bendiciones del cielo. Ellas, en cambio, vivirán en eterna separación de Dios, en un lugar lleno de "fuego eterno" que se conoce como el infierno.

3. El infierno no fue creado originalmente para la personas, porque Dios no tenía la intención de que los niños que Él creó fueran allí. ¿Para quién fue creado el infierno, de acuerdo con Mateo 25:41?

4. Lee 2 Tesalonicenses 1:6–9. Según el versículo 8, ¿quiénes son las personas que sufrirán el juicio de Dios al final de los tiempos?

5. ¿Cómo se describe el infierno en 2 Tesalonicenses 1:9?

Cuando los cristianos mueren, inmediatamente van al cielo y viven en la presencia de Dios. En la Carta a los Hebreos, el autor describe una escena en el cielo donde miríadas de ángeles se reúnen alrededor del trono de Jesús. En esta escena, que se encuentra en Hebreos 12:22–24, se nos dice que todos los que están "inscritos en el cielo" también están allí, de pie. A estas personas se les llama, además, "los espíritus de los justos, hechos perfectos" (v. 23). En Apocalipsis 15:2–4 estos mismos santos justos alaban y adoran a Dios mientras están ante Su trono.

6. Lee Apocalipsis 7:9–12. ¿Qué hace en el cielo esta gran multitud de redimidos?

7. Según 2 Corintios 5:8, ¿a dónde van los cristianos después de morir?

Cuando este mundo termine, Jesús regresará y establecerá un nuevo reino celestial aquí en la tierra. Las Escrituras nos dicen que cuando sea el tiempo del fin de esta tierra, Jesús regresará como Rey triunfante, y todos los santos redimidos de años pasados vendrán del cielo con Él. Mientras tanto, los que estén vivos en la tierra serán transformados, y todos los cristianos recibirán cuerpos celestiales, glorificados.

Entonces viviremos en lo que Apocalipsis 21:1 llama "un cielo nuevo y una tierra nueva". El viejo mundo que estaba manchado por el pecado y la iniquidad será quemado, pero Dios recreará el mundo para que sea como fue concebido originalmente. El paraíso que Adán y Eva conocieron, antes de la maldición del pecado, será restaurado en el planeta Tierra. La naturaleza ya no gemirá bajo los efectos del pecado, y todos los santos redimidos de la historia vivirán para siempre en un mundo sin oscuridad, enfermedad, guerras, violencia, lágrimas, o dolor.

1. Lee 1 Juan 3:2. ¿Qué sucederá a los cristianos cuando Jesús aparezca por segunda vez?

____

____

2. Lee 1 Tesalonicenses 4:16–17. ¿Cuál es la secuencia de eventos que se producirán cuando Cristo regrese a la tierra?

____

____

3. Lee 1 Corintios 15:51–53. ¿Qué pasará con nuestros cuerpos cuando Jesús regrese a la tierra?

____

____

4. ¿Cuál es el último enemigo que Jesús derrotará para siempre, según 1 Corintios 15:54?

____

____

Un día este mundo oscuro y pecaminoso terminará, y una gloriosa tierra nueva será nuestro hogar eterno. Esta es la mayor esperanza que tenemos.

Colosenses 3:1 dice: "Poned vuestros corazones en las cosas que están en el cielo, donde Cristo está sentado en Su trono" (GNT). Pensar en el cielo no es escapismo; es la mejor terapia. Cuando nos sentimos cansados de este mundo —la corrupción, el racismo, las divisiones políticas, los virus, el cáncer, la tiranía, la contaminación, el odio y la injusticia—podemos recordarnos a nosotros mismos que Jesús ha vencido a la muerte, y que un día re-creará este mundo para que sea el paraíso perfecto y sin pecado que siempre quiso para nosotros.

Si eres creyente en Jesús, tienes la promesa segura de un hogar al otro lado. Piensa en ello a menudo; canta acerca de esa verdad, y cuéntasela a todos los demás.

HABLEMOS AL RESPECTO

A la mayoría de la gente no le gusta hablar del infierno. ¿Cómo le hablarías a un no cristiano sobre la realidad del juicio eterno?

Versículo para memorizar

Pero según Su promesa esperamos cielos nuevos y tierra nueva, en los cuales more la justicia.

—2 PEDRO 3:13

TIMOTEO

Un verdadero hijo espiritual

Timoteo no creció en Israel y nunca conoció a Jesús personalmente. Era de una región de Asia Menor llamada Licaonia, en la actual Turquía. Su madre era judía y lo educó en el respeto a Dios y a las Escrituras, pero su padre era griego. Sin embargo, Timoteo se convirtió en creyente en Jesús, y comenzó a demostrar el carácter de un líder en su iglesia local, en un pueblo llamado Listra. Su fe era tan impresionante que cuando el apóstol Pablo se detuvo en Listra para predicar, invitó a Timoteo a acompañarlo en sus viajes misioneros. Pablo vio a un potencial sucesor en este talentoso joven.

Timoteo demostró ser un invaluable compañero para Pablo, y a medida que fue madurando, se convirtió en el colega de ministerio más apreciado del apóstol. De las trece epístolas de Pablo, seis se abren con un saludo suyo y de Timoteo. Y dos de las cartas de Pablo fueron escritas a Timoteo, lo que revela hasta qué punto Pablo confiaba en Él para compartir su carga de trabajo. En un momento dado, Pablo elogia a Timoteo como su discípulo más estimado: "Porque no tengo a nadie más de espíritu tan afín que se preocupe por vuestro bienestar [...] Pero tú sabes de su probada valía, que sirvió conmigo en el progreso del Evangelio, como hijo que sirve a su padre" (Filipenses 2:20, 22).

Pablo impuso las manos sobre Timoteo y le impartió el poder del Espíritu Santo en algún momento durante el viaje de su discipulado (2 Timoteo 1:6), y más tarde Pablo envió a su hijo espiritual a pastorear la iglesia en Éfeso, una ciudad enorme que se había convertido en un nido demoníaco de idolatría e inmoralidad. Era una tarea aterradora para un joven líder, y Timoteo ciertamente batalló con temores y dudas. Pero tuvo el mejor de los mentores. Cuando Pablo fue asesinado, Timoteo debe haber puesto en práctica con valentía todo lo que aprendió de su padre espiritual, y compartió el Evangelio con la siguiente generación. La relación de Pablo y Timoteo nos ofrece el mejor ejemplo de cómo los creyentes en Cristo deben multiplicar su influencia.

LECCIÓN 15

¿Por qué necesitamos la Iglesia?
Encontrando tu lugar en la familia de Dios

¿QUE VIENE a tu mente cuando alguien pronuncia la palabra *iglesia*? Lo más probable es que pienses en un edificio, quizás con un campanario, una gran cruz, la cúpula de una catedral, o vitrales. O tal vez conozcas una iglesia que se reúne en una tienda remodelada, o en un viejo almacén. Pero la Biblia nunca se refiere a la Iglesia como un edificio físico. De hecho, la mayoría de las iglesias pequeñas que surgieron en el primer siglo, después de la resurrección de Jesús no tenían un edificio asignado. Los primeros cristianos se reunían principalmente en casas, bajo los árboles, en cuevas, incluso en túneles subterráneos secretos.

Antes de la venida de Jesús, los judíos se reunían para adorar en edificios llamados sinagogas. Naturalmente, dado que muchos de los primeros cristianos procedían de un trasfondo judío, el concepto de una reunión pública para cantar himnos y escuchar la enseñanza bíblica no les era ajeno. Sin embargo pasarían algunos siglos antes de que la construcción de iglesias se generalizara. Desde el comienzo del cristianismo, los creyentes han comprendido que la Iglesia no es una estructura física, sino una comunidad muy unida, cuyos miembros comparten el mismo amor por Jesucristo.

Después de que Jesús ascendiera al cielo, su pequeño grupo de seguidores se reunía continuamente para orar, porque el Señor había prometido llenarlos con Su Espíritu Santo. Oraron durante muchas semanas, hasta que un día, el de la fiesta judía de la cosecha conocida como Pentecostés, 120 de los discípulos fueron llenos (o bautizados) con el Espíritu, y 3.000 nuevas personas se convirtieron a la fe luego de que Pedro predicara un poderoso sermón sobre Jesús.

Hechos 2:41 dice que estos tres mil nuevos creyentes fueron "añadidos" al número de cristianos que ya existía. ¿A qué se añadieron? Fueron añadidos a la Iglesia, la asamblea invisible de seguidores de Cristo.

La palabra griega para Iglesia, *ekklesia*, suele traducirse como "los reunidos" o "los llamados a salir".[1] Los nuevos conversos del día de Pentecostés no se unieron a la Iglesia rellenando una tarjeta o asistiendo a alguna reunión en un edificio determinado. Cuando se convirtieron en creyentes nacidos de nuevo, fueron inscritos automáticamente en la Iglesia universal del Señor.

Pero luego dieron otro paso. Hechos 2:42 dice: "Se dedicaban continuamente a la enseñanza de los apóstoles y a la comunión, al partimiento del pan y a la oración". No sabemos exactamente dónde hacían estas cosas los primeros cristianos, aunque Hechos 2:46 dice que compartían las comidas "de casa en casa". La verdad importante que debemos captar es que la iglesia primitiva cultivó un fuerte sentido de comunidad espiritual, que nutrían constantemente. Estaban "continuamente dedicados" a sus reuniones. Se reunían para enseñar, orar, comer, y simplemente para pasar tiempo juntos. También alimentaban a los pobres y predicaban el Evangelio por doquier.

La palabra *comunión*, mencionada en Hechos 2:42, es muy importante porque es la primera vez que esta palabra aparece en la Biblia. Es el término griego *koinonia*, que significa "compañerismo", "comunión" "comunidad" o "intimidad". La palabra aparece aproximadamente diecinueve veces más en el Nuevo Testamento para describir la estrecha conexión que existe entre los creyentes cristianos.[2]

Koinonia aparece en Hechos 2 porque este sentido de estrecha comunión entre los creyentes no era posible sin la morada del Espíritu Santo. La muerte de Jesús hizo posible que el Espíritu Santo viviera dentro de los creyentes. Y cuando los cristianos están juntos, el Espíritu Santo que está en una persona, se conecta con el Espíritu Santo en otra.

Esto es lo que Colosenses 3:14 llama "el vínculo perfecto de la unidad". Es el Espíritu Santo Quien conecta a los cristianos en grupos de creyentes estrechamente unidos y luego en una Iglesia global. En cierto sentido, la Iglesia es una comunión invisible que trasciende todo lo físico, aunque nos reunamos en edificios, propios o alquilados.

Esto es lo que hace tan especial el compañerismo cristiano. Ninguna otra religión tiene esta dinámica única. Ninguna cuenta con este vínculo invisible del Espíritu Santo. Nuestro sentido de unión es sobrenatural, y como se origina en el Espíritu Santo, se caracteriza por un amor que solo puede ser descrito como milagroso. Cuando Jesús se preparaba para ir a la cruz, dijo a Sus discípulos: "En esto conocerán todos que sois mis discípulos, si os tenéis amor los unos a los otros" (Juan 13:35). El amor que los cristianos se tienen unos a otros evidencia la realidad de Jesús: ¡prueba que Él es real!

VAMOS MÁS PROFUNDO

En el Nuevo Testamento, la Iglesia se describe de tres maneras clave.

Primero, la Iglesia es un "templo" del Espíritu Santo. Primera de Pedro 2:5 dice: "Vosotros también, como piedras vivas, sed edificados como casa espiritual para un sacerdocio santo, a fin de ofrecer sacrificios espirituales aceptables a Dios por medio de Jesucristo". Este versículo explica que cada cristiano individual es una "piedra" o "ladrillo" que compone el "edificio" espiritual llamado Iglesia.

El edificio físico donde se reúne tu iglesia no es lo importante. Lo vital es que todos permanezcamos conectados entre nosotros, nos apoyemos mutuamente, y trabajemos juntos para crear un lugar donde se pueda experimentar la presencia de Dios. Así como el templo era el lugar donde se manifestaba la gloria de Dios en el Antiguo Testamento, Dios habita en medio de nosotros cuando nos reunimos.

1. Según Mateo 18:20, ¿cuántas personas se requieren para que la presencia manifiesta de Dios habite en medio de nosotros?

____

____

2. Efesios 2:19–21 celebra el hecho de que los gentiles ahora han sido invitados a integrar la gloriosa Iglesia de Dios. Ya no están excluidos. En este pasaje, ¿cuál es la "piedra angular" del templo de Dios?

____

____

3. ¿Cuál es el fundamento de este edificio de acuerdo con el versículo 20?

____

____

4. ¿En qué se está convirtiendo la Iglesia según el versículo 21?

____

____

Segundo, la Iglesia es el "cuerpo" de Cristo en la tierra. El apóstol Pablo a menudo comparó la Iglesia con un cuerpo. Escribió en 1 Corintios 12:13: "Porque por un solo Espíritu fuimos todos bautizados en un cuerpo, sean judíos o griegos, sean esclavos o libres, y a todos se nos dio a beber de un mismo Espíritu".

Este versículo establece que cuando una persona se convierte en cristiana y recibe el Espíritu Santo, de inmediato se vuelve parte de la Iglesia y es miembro del "cuerpo". Lo anterior significa que cada uno de nosotros tiene un papel que desempeñar en el cumplimiento de la misión de la Iglesia en esta tierra. El versículo 27 lo dice con mayor claridad aún: "Ahora ustedes son el cuerpo de Cristo, y miembros del mismo, cada uno en particular".

¡Qué realidad tan asombrosa!: que nosotros, como cristianos podamos ser las manos y los pies de Jesús en esta tierra. Él está sentado en Su trono en el cielo, pero ahora Su pueblo, que está lleno del Espíritu Santo, representa a Jesús ante un mundo quebrantado y pecador que necesita Su amor. No podemos hacerlo individualmente, pero cuando estamos unidos demostramos a la comunidad que nos rodea que el cuerpo de Cristo es una organización sinigual.

1. Lee Romanos 12:4–5. ¿Cómo funciona la Iglesia dado que estamos compuestos de tantas personas diferentes con habilidades distintas?

____

____

2. Según Colosenses 1:18, ¿quién es la cabeza de la Iglesia?

____

____

Tercero, la Iglesia es una familia de creyentes. Efesios 2:19 dice que todos nosotros, como creyentes en Cristo, somos "miembros de la familia de la casa de Dios" (TPT). Y Romanos 12:10 declara: "Amaos unos a otros con amor fraternal" (NKJV). Esto significa que, debido a que hemos sido unidos a la Iglesia sobrenaturalmente por el Espíritu Santo, otros cristianos son como miembros de la familia para nosotros. Los hombres mayores son como padres; las mujeres mayores son como madres; nos relacionamos unos con otros como hermanos y hermanas. Por eso puede que oigas a otro cristiano referirse a ti como "hermano" o "hermana".

Pero ahora que estamos unidos en esta familia, debemos seguir algunas reglas familiares. Tenemos la responsabilidad de amarnos unos a otros sinceramente y hacer todo lo posible para fomentar la armonía en nuestras relaciones. A lo largo del Nuevo Testamento hay muchos mandamientos que se refieren a nuestro comportamiento mutuo como cristianos. Los llamamos versículos "de los unos a los otros", y como hay noventa y siete, no podemos explorarlos todos aquí. Lee estos versículos y describe cómo se nos ordena tratarnos los unos a los otros:

1. Romanos 12:10

____

2. Efesios 4:32

____

3. 1 Juan 3:11

____

4. Filipenses 2:3

____

5. 1 Pedro 5:5

____

6. 1 Tesalonicenses 5:11

____

7. Santiago 5:16

____

HABLEMOS AL RESPECTO

¿Perteneces a alguna iglesia? Si es así, ¿cuál ha sido el mayor beneficio de estar conectado a una comunidad cristiana?

Versículo para memorizar

Y consideremos cómo estimularnos unos a otros al amor y a las buenas obras, no dejando de congregarnos, como algunos tienen por costumbre, sino alentándonos unos a otros; y tanto más cuanto veis que el día se acerca.

—HEBREOS 10:24–25

CORNELIO

El gentil que abrazó el Evangelio

Cornelio era un centurión romano, lo que significa que comandaba un considerable destacamento. Lo más probable es que hubiera sido entrenado en el arte de la guerra por las fuerzas imperiales en Roma, pero estaba emplazado en la ciudad costera de Cesarea, cuartel general de la ocupación romana en Judea. Además del hecho de que Cornelio era gentil, los judíos habrían evitado a este hombre porque representaba todo lo que odiaban de sus hostiles invasores.

Sin embargo, Cornelio no era hostil con el pueblo judío, a pesar de que César Augusto era su jefe. Seguramente un hombre rico, Cornelio debía tener un carácter noble porque daba limosnas a los judíos. Tal vez le intrigaba su fe. Hechos 10:2 dice que era "piadoso", "temeroso de Dios" y que "oraba a Él de manera continua". Obviamente tenía un corazón humilde, lo que explica por qué Dios lo eligió para ser parte integral de Su plan para alcanzar a las naciones fuera de Israel. Un ángel se apareció a Cornelio, lo llamó por su nombre y le dijo que trajera al apóstol Pedro a su casa en Caesarea. Cornelio no tenía idea del mensaje que Pedro llevaba consigo, pero envió dos criados a la ciudad de Jope para buscarlo.

Cuando Pedro llegó, es probable que le resultara muy difícil entrar a la casa de Cornelio, considerando que los judíos no entraban en casas de gentiles ni probaban su comida. El muro entre judíos y gentiles era impenetrable por aquellos días. Pero Dios había preparado a Pedro para este momento. Predicó el Evangelio a un numeroso grupo de familiares y amigos italianos de Cornelio. Y antes de que Pedro pudiera terminara su sermón, los gentiles creyeron en Jesús y comenzaron a hablar en lenguas y a alabar a Dios. El muro de separación empezó a derrumbarse y se plantó la primera iglesia gentil en Israel. A partir de ese día, más y más extranjeros como Cornelio empezaron a seguir a Cristo por todo el Imperio romano y más allá. Honramos a Cornelio por ser un auténtico precursor de la fe.

LECCIÓN 16

Celebremos la fiesta
¿Por qué tomamos la cena del Señor?

"Venid, pecadores, a la fiesta del Evangelio; que cada alma sea huésped de Jesús; no es necesario que ni una se quedé atrás, porque Dios ha enviado por toda la humanidad".
—CHARLES WESLEY (1707–1788)
REVIVALISTA BRITÁNICO QUE ESCRIBIÓ MÁS DE SEIS MIL QUINIENTOS HIMNOS

LOS CRISTIANOS no creemos que los rituales o las ceremonias nos salven. El apóstol Pablo escribió: "Porque por gracia sois salvos por medio de la fe [...] no por obras" (Efesios 2:8–9). No obstante celebramos con regularidad algo llamado Santa Cena o Cena del Señor. Durante ese momento especial en que los creyentes están reunidos, todos comen algo de pan y beben un poco vino o jugo de uva para conmemorar el sacrificio de Jesús en la cruz.

¿Por qué hacemos eso? Debemos remontarnos a la época de los antiguos hebreos en Egipto para entenderlo. La noche en que Dios juzgó a Egipto, una plaga final mató al primogénito de cada familia egipcia. Pero Dios dijo a los judíos que pusieran sangre de cordero en los dinteles de las puertas de sus casas. Luego prometió: "Cuando vea la sangre, pasaré de largo, y ninguna plaga destructora recaerá sobre vosotros cuando hiera la tierra de Egipto" (Éxodo 12:13). En esa fatídica noche, también se les dijo a los hebreos que prepararan una comida especial de cordero asado, pan sin levadura, hierbas amargas y vino.

Esta comida llegó a conocerse entre los judíos como la Pascua porque Dios "pasó por alto" las casas que estaban untadas con la sangre del cordero. Cualquiera que tuviese la sangre en el dintel de su puerta se libraba de la muerte. Después de que los hebreos escaparan de Egipto, se les dijo que celebraran esta Pascua anualmente como una forma de agradecer a Dios por Su protección.

La Pascua fue un hermoso anticipo de lo que Jesús haría por nosotros al morir en la cruz. Jesús fue el perfecto "Cordero de Dios"(Juan 1:29), y cuando aplicamos Su sangre por fe a nuestros corazones, el juicio de Dios "pasa por encima" de nosotros y escapamos de Su ira. La gente no entendía esto en los tiempos del antiguo pacto. Pero ahora que el Cordero de Dios ha sido sacrificado por nosotros, tenemos una comprensión más clara de Su misericordia.

No estamos obligados a celebrar la cena pascual hoy (aunque es significativo participar en una de estas ceremonias para ver cómo prefigura la venida de Jesús). Dios dejó a un lado los rituales del antiguo pacto, pero Jesús instituyó algo nuevo para nosotros. Mientras comía la cena de Pascua con Sus discípulos la noche anterior a su crucifixión, tomó un poco de pan sin levadura en Su mano y dijo: "Esto es Mi cuerpo, que por vosotros es dado" (Lucas 22:19). Luego tomó la copa de vino y dijo: "Esta copa que se derrama por vosotros es el nuevo pacto en Mi sangre" (v. 20).

En ese momento Jesús redefinió totalmente la cena pascual, y nos invitó a unirnos a Él en la nueva celebración. Después de compartir el pan y el vino con sus discípulos, les dio algunas instrucciones importantes:

> *Y habiendo tomado pan y dado gracias, lo partió y se lo dio, diciendo: "Esto es Mi cuerpo que por vosotros es dado; haced esto en memoria Mía."*
>
> —Lucas 22:19

Como podemos ver en este versículo, Jesús nos dio instrucciones de compartir este pan y vino unos con otros, para recordar Su sacrificio. El pan representa el cuerpo de Jesús, que fue partido por nosotros. El vino representa Su sangre, que derramó para salvarnos. Cuando participamos de la Cena del Señor, nos rendimos en un acto de adoración; le expresamos nuestra gratitud y lo honramos por Su gran amor.

Algunos cristianos utilizan la palabra *eucaristía* para referirse a la Cena del Señor. Esto proviene de la palabra griega *eucharistia*, que significa "acción de gracias".[1] Cuando participamos del pan y del vino, estamos agradeciendo a Jesús por el perdón y la vida eterna que nos da.

Cuando Jesús compartió su última cena de Pascua con sus discípulos, dijo: "En verdad os digo que no volveré a beber del fruto de la vid hasta el día en que lo beba nuevo en el reino de Dios" (Marcos 14:25). Jesús nos estaba dando una visión del futuro, cuando Dios será el anfitrión del banquete más espléndido y alucinante jamás preparado.

En el libro del Apocalipsis esta fiesta se denomina "la cena de las bodas del Cordero" (Ap. 19:9, ESV), y se compara con una fiesta de bodas, que en tiempos bíblicos duraba varios días. Es un banquete glorioso diseñado para honrar a Jesús, el Esposo, y su matrimonio con la Iglesia, que es llamada metafóricamente la novia de Cristo. Cuando todos los santos redimidos estén juntos con Jesús en el cielo nuevo y la tierra nueva, todos asistiremos a esta fiesta. ¡La Cena del Señor es un anticipo de lo que nos espera!

Pablo dijo en 1 Corintios 5:7–8: "Porque también Cristo, nuestra Pascua, ha sido sacrificada. Por lo tanto, celebremos la fiesta". Aunque solo tomamos un pequeño pedazo de pan y un sorbo de vino o jugo cuando participamos de esta comunión, se describe como una "fiesta" por lo que representa. Es como una muestra, una degustación de la gran gala que todos disfrutaremos al final de los tiempos. Por ahora nuestro bondadoso y amoroso Padre Celestial, a quien le encantan las fiestas, nos invita a celebrar regularmente nuestra salvación, tomando parte en la comunión de la Cena del Señor.

Algunos cristianos tratan la Cena del Señor como algo lúgubre, con música religiosa triste y caras largas. Pero no es un momento para ponerse sombrío. No es un ritual muerto. ¡Somos el pueblo de un nuevo pacto! Este es un momento para alegrarse. Igual que celebrarías el Día de Acción de Gracias con una cena de pavo y pasteles de calabaza, o disfrutarías de un pastel y risas en una fiesta de cumpleaños, la Santa Ce :te festivo diseñado para honrar y glorificar al Salv:

VAMOS MÁS **PROFUNDO**

1. El apóstol Pablo dio varias instrucciones sobre como celebrar la Cena de comunión. Él cita a Jesús en 1 Corintios 11:25. ¿Con qué frecuencia dijo Jesús que debemos participar de esta celebración?

____

____

Algunos cristianos participan de la Cena del Señor cada semana o incluso con más frecuencia. Otros dejan pasar más tiempo. Jesús nos da libertad para decidir con qué frecuencia celebrar este santo memorial. Lo importante es que usemos la Cena del Señor para recordarle.

2. Lee 1 Corintios 11:26. ¿Que "proclamamos" al tomar la Cena del Señor?

____

____

3. Lee 1 Corintios 11:27–30. Pablo explica que algunas personas en Corinto tomaban la Cena "indignamente". Tal vez los miembros de la iglesia no mostraban reverencia hacia Jesús, o continuaban tomándolo con ligereza. También es posible que participaran de la Cena sin entender su significado, o que lo hicieran no creyentes. Según el versículo 28, ¿qué debemos hacer antes de tomar la Cena del Señor?

____

____

Es importante señalar, que solo los verdaderos cristianos deben participar en la Cena del Señor, ya que es un acto de adoración y sumisión a Jesús. Si los no creyentes visitan la iglesia, es mejor que se abstengan de participar de esta íntima celebración.

4. Lee Juan 6:53–58. Cuando Jesús habló acerca de "comer Su carne y beber Su sangre", no lo hacía literalmente, por supuesto. Se refería a la Cena del Señor. Cuando comemos el pan y bebemos el vino, honramos a Jesús como la fuente de vida y salvación. ¿Qué prometió Jesús a los que comieran este "pan bajado del cielo" en el versículo 58?

HABLEMOS AL RESPECTO

Toma la Cena del Señor con tu grupo pequeño. Luego comparte por qué estás agradecido respecto al sacrificio de Jesús por ti.

Versículo para memorizar

Yo soy el pan vivo que ha bajado del cielo; si alguno comiere de este pan, vivirá para siempre; y también el pan que yo daré por la vida del mundo, es Mi carne.

—JUAN 6:51

ELÍAS

Un profeta poderoso

Elías estaba consagrado al Señor, lleno de fe y dispuesto a enfrentar el mal a cualquier costo. Sin embargo, Santiago 5:17 dice que Elías era "un hombre de naturaleza semejante a la nuestra". Vivió setecientos años antes que Jesús, y procedía de un pueblo de Israel tan pequeño que nadie conoce su ubicación. No obstante, en el momento en que Elías irrumpió en escena y profetizó que Dios enviaría una larga sequía, el malvado rey Acab se aterrorizó ante él.

Israel estaba lejos de Dios cuando Elías comenzó a llamar al pueblo a arrepentirse y dejar atrás sus pecados. Acab se había casado con Jezabel, la hija de un rey pagano, y ella estaba engañando a Israel para que adorara a su dios: Baal. Pero Elías no tuvo miedo de desafiar la brujería de Jezabel. Invitó a toda la nación al Monte Carmelo, donde les planteó una opción clara preguntándoles: "¿Cuánto tiempo vacilarán entre dos opiniones? Si el Señor es Dios, seguidle; pero si es Baal, seguidle a él" (1 Reyes 18:21). Entonces Elías pidió a Dios que enviara fuego celestial para probar que Él era real. Cuando descendió el fuego, la gente cayó de brunces y creyó.

Debido a que el Espíritu de Dios reposó sobre Elías con tal fuerza, él realizó varios milagros. Resucitó a un niño de entre los muertos, oró para que lloviera después de la sequía, y vio como la harina y el aceite se multiplicaban de forma sobrenatural. Pero el milagro más asombroso ocurrió al final de la vida de Elías, cuando un carro angelical en llamas lo llevó al cielo. ¡Elías nunca experimentó la muerte natural!

Los milagros de Elías fueron una especie de anticipo del ministerio de Jesús, lo que explica por qué algunos pensaban que Jesús era Elías. Pero Elías no quería ser adorado. Cuando Jesús decidió revelarse como Hijo de Dios a sus discípulos más cercanos, los llevó a la cima de una montaña. Allí, cuando la gloriosa luz del cielo comenzó a resplandecer en Jesús, Elías y Moisés aparecieron como testigos para confirmar que Jesús es Dios (véase Mateo 17:1-8). Elías se paró junto a Jesús para recordarnos que él, Moisés y todos los héroes del Antiguo Testamento habían estado esperando la llegada del Mesías. Por poderoso que fuera, Elías solo quería ser el siervo de Cristo.

LECCIÓN 17

Viviendo rebosantes

¿Cómo ser llenos del Espíritu Santo?

"¿Cómo podemos llamarnos iglesia y no creer en la sanidad y en los milagros?
¡No puedo leer cuatro páginas de cualquier parte de la Biblia sin encontrar
milagros! ¡Y el Dios de la Biblia es el mismo hoy!".
—T. L. OSBORN (1923–2013)
EVANGELISTA PENTECOSTAL QUE PREDICÓ EN SETENTA PAÍSES

MUCHOS SIGLOS antes de la venida de Jesús, el profeta Joel predijo que llegaría un momento de la historia en que el Espíritu Santo sería "derramado" sobre personas de todas las naciones y etnias. Dijo: "Derramaré mi Espíritu sobre toda la humanidad; y vuestros hijos e hijas profetizarán" (Joel 2:28). Esta fue una profecía revolucionaria por muchas razones. Primero, en el período del Antiguo Testamento solo los judíos disfrutaban los beneficios del favor y la bendición de Dios; y segundo, el Espíritu Santo no vivía dentro de las personas por entonces.

El Antiguo Testamento habla del Espíritu Santo "viniendo sobre" la gente en aquellos días. A veces Dios ungía a personas especiales para que le sirvieran, como profetas, reyes, sacerdotes o guerreros, pero la gente común no tenía acceso a esta bendición. Por eso, que Joel predijera que hombres, mujeres, jóvenes, ancianos, ricos y pobres podrían experimentar el poder del Espíritu Santo era una propuesta radical.

Pero esto es exactamente lo que pasó después de que Jesús pagó por nuestros pecados. Él hizo posible que el Espíritu Santo hiciera Su morada dentro de todos los creyentes. Jesús recordaba constantemente a Sus discípulos que cuando dejara esta tierra enviaría a Su Espíritu Santo para consolarnos, guiarnos y fortalecernos. Incluso llegó a decir que la presencia del Espíritu Santo sería mejor que estando Jesús mismo con ellos en persona. Jesús dijo en Juan 16:7

Pero os digo la verdad, os conviene que yo me vaya; porque si no me voy, el Consolador no vendrá a vosotros; pero si me voy, os lo enviaré.

Por eso los primeros discípulos estaban expectantes frente a lo que sucedería después de que Jesús ascendiera al cielo. ¿Qué podía ser mejor que tener ahí con ellos a Jesús, de cuerpo presente? ¿Cómo podía ser mejor que Él se fuera? Jesús había prometido al "Consolador", al Espíritu Santo. ¿Pero cómo era posible tal cosa? Jesús tenía una gran sorpresa para ellos.

Justo antes de ascender, Jesús dijo a Sus seguidores: "Y he aquí, yo envío sobre vosotros la promesa de mi Padre; pero permaneced en la ciudad hasta que seáis revestidos con poder de lo alto" (Lucas 24:49). Cuando Jesús dijo "revestidos con poder", Sus discípulos habrían reconocido una referencia a la historia de Elías. Aquel impresionante milagro convenció a la nación de Israel de que Jehová era el Dios verdadero.

Elías fue un personaje inusual porque no pasó por la muerte natural. Fue llevado al cielo sobrenaturalmente. La Biblia dice que justo antes de ese milagro su discípulo Eliseo le preguntó si podía tener una doble porción de su poder. Elías le dijo a Eliseo que eso sería difícil, pero no se opuso a la petición. De modo que cuando los carros de fuego del cielo vinieron a llevarse a Elías a la gloria, arrojó su manto o túnica sobre Eliseo, dando a entender que ahora su discípulo estaba "vestido" con una gracia nueva y especial. Si continúas leyendo la historia, encontrarás que Eliseo realizó el doble de milagros que su mentor.

Esto es esencialmente lo que Jesús hizo por Su Iglesia. Después de ser llevado al cielo Jesús derramó Su Espíritu Santo sobre la Iglesia para que pudiéramos hacer los mismos milagros que Él hizo. Jesús no nos dejó en esta tierra sin la habilidad sobrenatural para cumplir Su misión. Él nos dio Su manto. Nos dio poder y autoridad, y todo vino por medio del Espíritu Santo.

Por ende los discípulos de Jesús hicieron exactamente lo que Él les ordenó. No salieron de Jerusalén, aunque estaban entusiasmados por contarle a todo el mundo sobre Su resurrección. Esperaron a ser revestidos de poder. No sabían cómo sería eso. Simplemente tenían una expectativa, mezclada con una alta dosis de fe.

Varias semanas después se produjo el milagro. Jesús no les había dado un tiempo específico para la poderosa visita del Espíritu Santo. Pero el día de Pentecostés, mientras 120 de sus discípulos estaban orando en un aposento alto, en Jerusalén, se sobresaltaron. Hechos 2:2–4 dice:

Y de repente vino del cielo un ruido como de un viento recio que soplaba, y llenó toda la casa donde estaban sentados. Y se les aparecieron como lenguas de fuego, repartiéndose y posándose sobre cada uno de ellos. Y fueron todos llenos del Espíritu Santo y comenzaron a hablar en otras lenguas, según el Espíritu les daba que hablasen.

Oyeron el sonido de un viento, pero no era un viento normal o natural. Era el viento del Espíritu Santo. Vieron llamas de fuego sobre las cabezas de los demás, pero no fuego normal o natural. Era el fuego del Espíritu, que nos concede el poder celestial. Y de repente recibieron una extraña capacidad de hablar en idiomas que no conocían. El Espíritu Santo los estaba llenando con la misteriosa habilidad para convertirse en testigos de Jesús ante el mundo entero.

¿Puedes ver por qué Jesús no quería que predicaran Su mensaje antes de que tuvieran ese poder? Habrían tenido que confiar en su propio intelecto, y se habrían visto limitados por su timidez. Sin embargo, porque esperaron, un fuego santo llenó sus corazones y tuvieron la audacia y la gracia sobrenatural para cumplir el plan de Dios, y hacerlo a Su manera.

Este es el plan de Dios para cada cristiano. Él quiere que confíes por completo en Su Espíritu Santo, no en tu capacidad intelectual, tus buenas ideas, o tus talentos naturales. Dios quiere que estemos saturados, o revestidos con Su poder. La Iglesia no puede hacer su trabajo si estamos llenos de nosotros mismos; debemos estar vacíos y dispuestos para que Dios pueda trabajar.

VAMOS MÁS **PROFUNDO**

1. Jesús advirtió a Sus discípulos con bastante antelación que serían llenos del Espíritu. ¿Con qué comparó al Espíritu Santo en Juan 7:38?

2. Jesús prometió en Marcos 16:17–18 que Sus seguidores tendrían acceso a un poder sobrenatural. ¿Qué milagros dijo Jesús que seguirían a los que creyeran en Él?

3. Justo antes de que Jesús ascendiera al cielo, ¿qué les dijo a Sus discípulos que les sucedería en Hechos 1:5?

(Nota: La palabra *bautizados* es la misma que se usa para el bautismo en agua, pero el bautismo en el Espíritu Santo es diferente. Así como somos completamente sumergidos en agua durante el bautismo, somos completamente sumergidos o saturados en el Espíritu Santo cuando Él nos llena. Dios no quiere que tengamos solo una pequeña "muestra": ¡El quiere sumergirnos por completo en el Espíritu!).

4. Los discípulos de nuevo fueron "llenos del Espíritu Santo" en Hechos 4:31, probablemente porque había nuevos cristianos en este grupo que no estaban en la reunión de oración el día de Pentecostés. ¿Qué sucedió cuando estos discípulos fueron llenos del Espíritu?

5. El apóstol Pedro llegó a predicar a un grupo de gentiles en Cesarea y ellos fueron llenos del Espíritu Santo mientras estaba hablando. ¿Qué les sucedió en Hechos 10:44–46?

6. El apóstol Pablo y todos los demás creyentes del Nuevo Testamento confiaron en el poder del Espíritu Santo, y es por eso que vieron milagros mientras predicaban. ¿Cuál era el secreto del poder de Pablo según 1 Corintios 2:4?

7. Con base en Efesios 5:18, ¿cuál es el secreto de una vida cristiana poderosa?

HABLEMOS AL RESPECTO

¿Has experimentado la llenura del Espíritu Santo? De no ser así,¿te gustaría que otros miembros del grupo oraran por ti ahora?

Versículo para memorizar

Pero recibiréis poder cuando venga sobre vosotros el Espíritu Santo; y seréis mis testigos en Jerusalén, en toda Judea, en Samaria, y hasta los confines de la tierra.

—Hechos 1:8, ESV

VAMOS AÚN MÁS PROFUNDO

Puedes orar por el Bautismo del Espíritu Santo

Basándonos en lo que hemos aprendido hasta ahora, hay en realidad dos experiencias principales que todo cristiano necesita. Una es la salvación, que ya hemos explicado en detalle. La segunda es el bautismo del Espíritu Santo, o lo que también se conoce como la llenura del Espíritu Santo. Todo cristiano recibe el Espíritu Santo cuando nace de nuevo. Pero después de la salvación necesitamos estar saturados en el poder del Espíritu Santo para que podamos ministrar efectivamente a la gente que nos rodea.

Lamentablemente, algunos cristianos están satisfechos de contar con la presencia del Espíritu Santo en sus vidas, pero en realidad no quieren Su poder. Quieren disfrutar los beneficios de Su consuelo, Su gentil guía, y Su revelación de las Escrituras, pero no quieren predicar a otras personas, sanar a los enfermos, echar fuera demonios, o usar el poder milagroso que Jesús ha puesto a nuestra disposición. Se sienten cómodos en aguas poco profundas y no quieren aventurarse a las profundidades.

¡Espero que quieras la plenitud del Espíritu en tu vida! Cuando tenemos esa experiencia, el poder del Espíritu Santo nos llena a tal punto que se desborda como una vigorosa cascada. Además, cuando somos bautizados en el Espíritu, los peculiares dones del Espíritu Santo —enunciados en 1 Corintios 12:8–10— empiezan a manifestarse en nuestras vidas. Comenzamos a experimentar Su poder sobrenatural. Estos dones incluyen profecía, milagros, sanidades y hablar en lenguas desconocidas (estudiaremos más sobre esto en la lección 22).

Ser bautizado en el Espíritu no es algo para lo que tengas que calificar. Cualquier cristiano puede pedirlo, y Jesús está listo para hacerlo. Puedes orar solo, o pedirle a alguien más que ore por ti. Estos son los pasos sencillos que puedes dar para ser lleno del Espíritu Santo:

Prepara tu corazón. El Espíritu de Dios es Santo. Se le compara con un fuego (Mateo 3:11), lo que significa que purifica el pecado y quema lo que no es semejante a Cristo en nuestras vidas. Asegúrate de haber confesado todo pecado conocido y de haber preparado tu corazón para recibir Su llenura.

Pídele a Jesús que te bautice en el Espíritu Santo. No hay que "saltar a través de un aro" para llamar la atención de Dios. Él está ansioso por responder a tu petición. Jesús es quien nos bautiza en el Espíritu—así que habla con Él y pon tu fe en acción. Espera Su respuesta.

1. Recibe la plenitud. Comienza a agradecerle por este milagro. El poder del Espíritu Santo está llenando tu vida. Si sientes que tu mente está nublada por las dudas, simplemente alaba al Señor. Enfoca tu mente en Él y no en ti mismo.

2. Libera tu lenguaje de oración. En el momento en que las personas son llenas del Espíritu Santo, a menudo reciben la capacidad de hablar en un lenguaje celestial —tal como lo hicieron los discípulos el día de Pentecostés—. Puede que sientas burbujear las palabras en tu interior. Puede que escuches las palabras en tu mente. Abre tu boca y comienza a hablar, confiando en que el Señor hará que Su poder se desborde en ti. Y si no recibes tu lenguaje en oración inmediatamente, mantente firme en tu fe, sabiendo que el Señor ya te ha llenado. Dios hace las cosas según Su itinerario, no el nuestro.

3. Da el paso con valor. Después de ser lleno del Espíritu, una de las primeras cosas que notarás es una nueva audacia para hablar con otros acerca de Jesús. El Espíritu Santo quiere que seas un testigo valiente. El salmo 107:2 declara: "Que lo digan los redimidos del Señor". Cuando las puertas se abran y te encuentres en una conversación con alguien que no conoce a Dios, confía en que el Espíritu Santo te dará la confianza para contarle todo lo que Jesús ha hecho por nosotros.

JEREMÍAS

Lloró por los pecadores

Tendemos a pensar en los profetas del Antiguo Testamento como hombres enojados que agitaban los puños y pronunciaban duras palabras de juicio. Es cierto que los profetas dicen cosas impopulares, porque Dios demanda que confronten el mal comportamiento. Pero en el caso de Jeremías, no se deleitaba reprendiendo a Israel por sus muchos pecados. De hecho, a menudo lloraba cuando le decía a sus compatriotas judíos que Dios destruiría su nación si no se arrepentían. Gritaba: "¡Oh, si mi cabeza fuera aguas y mis ojos una fuente de lágrimas, para llorar día y noche por los muertos de la hija de mi pueblo!" (Jeremías 9:1).

Hijo de un sacerdote judío, Jeremías vivió seiscientos años antes que Jesús. Dios lo llamó a ser profeta cuando apenas era un joven. Como su mensaje fue tan conflictivo, su familia se volvió en su contra, fue ridiculizado, golpeado y encarcelado, amenazado por uno de los reyes de Judá, e incluso arrojado al fondo de un pozo. Nadie quería escuchar lo que Jeremías tenía que decir, pero el siguió adelante. Dios le dio un coraje sobrenatural.

Aunque Jeremías advertía constantemente a los judíos sobre las terribles consecuencias del pecado, también traía un mensaje de esperanza. Dios siempre ofrece el perdón si nos arrepentimos. Pero Israel no escuchó, así que Jeremías profetizó que acabarían como esclavos en una tierra extranjera durante setenta años. Y eso es exactamente lo que sucedió. Los babilonios invadieron Israel y destruyeron el templo judío. Y los israelitas fueron llevados a Babilonia, donde estuvieron cautivos por setenta años.

Aunque la vida de Jeremías fue triste y llena de rechazo, vio un futuro brillante en el horizonte. Dios le mostró un día glorioso, seiscientos años en el futuro, cuando instituiría el nuevo pacto a través de Jesucristo. Jeremías predijo que Dios aboliría el sistema del antiguo pacto, que requería que las personas siguieran perfectamente las leyes de Dios en su propia capacidad. Dios le dijo a Jeremías: "Pondré mi ley dentro de ellos y en su corazón la escribiré" (Jeremías 31:33). Esto es justo lo que Dios hizo después de que Jesús muriera en la cruz por nosotros.

LECCIÓN 18

Volviéndonos amigos de Jesús
¿Cómo buscar la intimidad con el Señor?

MUCHAS religiones en el mundo exigen seguir una lista específica de rituales, obedeciendo una lista de normas, o la observancia estricta de ciertos credos. Por ejemplo, se espera que los musulmanes recen cinco veces al día, mirando hacia el este en dirección a Arabia Saudita. Los hindúes tienen que hacer ofrendas de comida a los ídolos de sus dioses o bañarse en un río específico para purificarse de sus pecados. Los judíos ortodoxos de Israel se cuidan mucho de no hacer ningún trabajo los sábados porque es el Sabbath oficial, cuando se requiere descansar.

Pero el cristianismo es diferente. A menudo escucharás decir a los seguidores de Jesús: "El cristianismo no es una religión, es una relación". En todas las demás religiones del mundo la gente se acerca a Dios con cautela, y le sirven a la distancia, sin ninguna seguridad de ser amados o aceptados. Esto es lo que hace que la fe cristiana sea tan diferente de todas las demás creencias religiosas. La Biblia nos enseña que Dios quiere conocernos y que desea tener una relación íntima con nosotros.

Jesús así lo precisó cuando invitó a Sus discípulos a ser Sus "amigos". En Juan 15:15, Él les dijo:

Ya no os llamaré esclavos, porque el esclavo no sabe lo que hace su amo; en lugar de eso os he llamado amigos, porque todas las cosas que he oído de mi Padre, os las he dado a conocer.

Jesús estaba enfatizando aquí que Él no quiere relacionarse con nosotros como un amo con sus esclavos, o como lo haría un jefe con sus empleados. No quiere una conexión fría e impersonal, en la que simplemente nos sometamos y sigamos órdenes. Sí, Él es nuestro Señor, y nuestra máxima autoridad, pero también anhela una amistad cálida y afectuosa. Nos invita a conocer al Padre, al Hijo y al Espíritu Santo desde una cercanía inimaginable.

De todos los discípulos originales, el apóstol Juan fue probablemente el que mantuvo una relación más estrecha con Jesús. Vio morir a Jesús en la cruz, lo vio levantado de entre los muertos, y luego al recibir visiones gloriosas del Salvador resucitado mientras estaba en el exilio. Por lo cual escribió estas palabras para todos nosotros en 1 Juan 1:3

Lo que hemos visto y oído os lo anunciamos también a vosotros, para que también vosotros tengáis comunión con nosotros; y nuestra comunión, verdaderamente, es con el Padre, y con Su Hijo, Jesucristo.

Juan estaba diciendo: "¡Pueden tener la misma cercanía con Jesús que tenemos nosotros!". Dios nos invita a lo que Juan llama "comunión". Como hemos dicho anteriormente en este estudio, la palabra griega para *compañerismo* es *koinonia*, que puede traducirse como "participación conjunta, comunión o intimidad".[1] Podemos tener una conexión profunda y permanente con Dios gracias a lo que Jesús hizo por nosotros cuando pagó por nuestros pecados. No tenemos que trabajar, pagar dinero, aprobar un examen o seguir una lista de reglas para ser amigos de Dios. Simplemente creemos en Él, y luego podemos descansar en Su amor. Podemos, en esencia relajarnos en Sus brazos y dejar que Él nos abrace como lo haría un padre con sus hijos.

Solo he conocido a unas pocas personas que no sabían quién era su papá. Pero a menudo me encuentro con personas que dudan de que Dios los ame como padre. La Biblia nos dice que cuando nacemos de nuevo el Espíritu Santo entra en nuestros corazones para resolver el misterio de nuestra propia paternidad. Romanos 8:15 dice: "Habéis recibido un espíritu de adopción como hijos, por el cual clamamos '¡Abba! ¡Padre!'".

Esto significa literalmente que Dios te ha adoptado para convertirte en Su propio hijo. El Espíritu Santo nos ayuda a entender a quién pertenecemos. Y Su nombre es "Abba", la palabra hebrea para papi, o papá.

¿Te sientes incómodo llamando a Dios tu "papá"? Si es así, realmente no crees lo que dice Romanos 8:15. ¡Él es Abba! El problema es que muchas personas creen que Dios está muy distante, siempre molesto, y demasiado ocupado gestionando el cielo como para fijarse en nosotros. Así veían a Jesús los fariseos legalistas, pero Jesús desafió sus ideas distorsionadas.

A lo largo de su vida en la tierra, Jesús nos mostró que Dios es accesible, acepta a todas las personas, es amable con los pecadores, perdona, protege, y es afectuoso. Incluso permitió que el discípulo Juan recostara su cabeza en Su pecho (Juan 13:23) —algo que un fariseo "correcto" nunca se permitiría—. Sin embargo Jesús no tiene nada de religioso. Si se lo permites, te acercará a Su pecho y te dejará oír los latidos de Su corazón. ¡Él realmente quiere que estés cerca!

Cuando algunas personas escuchan la palabra *padre*, evocan recuerdos dolorosos de maltrato doméstico, abandono, alcoholismo, o castigos aterradores. Otros asocian "padre" con un desapego insensible, porque nunca pudieron conectarse emocionalmente con sus padres. A esto se le llama "heridas paternas" y también pueden ser causadas por las madres. Deja que el Espíritu Santo sane estas heridas para que pueda mostrarte que tu Papá celestial es fuerte, compasivo, tolerante, gentil, amable y fiel.

Si quieres desarrollar una relación íntima y estrecha con el Señor, asegúrate de haber aceptado plenamente el perdón de Cristo. Muchas personas mantienen a Dios "a raya" porque suponen que sigue enfadado con ellas a causa de sus pecados pasados. Pero la Biblia dice que Él ni siquiera se acuerda de nuestros pecados: los arroja a "las profundidades del mar" (Miqueas 7:19). Dios no te perdonó a medias o a regañadientes; lo hizo desde Su efusivo corazón rebosante de amor. Sí, se trató de una transacción legal, pero promulgada por una maravillosa compasión que llevará toda la eternidad comprender.

La Biblia dice que Dios dirigió toda su justa ira hacia Jesús y cargó sobre Él nuestro castigo, para que Él pudiera eliminar la barrera que nos separaba. ¡Todo por amor! Él no está enojado contigo ahora. Te ama tanto que, de hecho, organizó una fiesta para darte la bienvenida a Su presencia. No solo te tolera; ¡Él se deleita en ti!

Un líder de la iglesia primitiva conocido como Agustín, que vivió en el siglo IV, escribió: "Enamorarse de Dios es el mayor de los romances; buscarlo, la mayor aventura; encontrarlo, el mayor logro humano".[2] Has sido invitado a experimentar esta aventura.

Si alguna vez has tenido una aventura romántica con una persona que finalmente se convirtió en tu cónyuge, sabes que el amor verdadero puede hacerte cometer locuras. Cuando amas a una persona, quieres pasar mucho tiempo con ella, comprarle regalos, y escribirle cartas de amor. Incluso puede que le escribas una canción o un poema.

Lo mismo puede suceder en tu relación con Dios. Una vez que sepas que Su amor por ti es así de asombroso, responderás buscándolo de muchas maneras diferentes:

- Querrás pasar tiempo con Él en privado.

- Querrás leer la Biblia, que es Su carta de amor para nosotros.

- Querrás escuchar música de adoración, que acerque tu corazón a Él, y también querrás cantarle.

- Querrás aprender más sobre Él escuchando sermones en la iglesia o enseñanzas en video, en línea, o asistiendo a estudios bíblicos presenciales.

- Y querrás obedecerle y honrarle en todas las áreas, evitando el pecado porque quieres agradarle.

A medida que te conviertas en un amigo de Dios, tu devoción a Él se identificará. Ese es el corazón de la vida cristiana.

VAMOS MÁS **PROFUNDO**

1. En Marcos 12:30 Jesús citó el Antiguo Testamento para explicar cuán intensamente debemos amar a Dios. ¿Cómo dijo Jesús que debemos amar a Dios?

____

____

2. Lee Juan 17:3. ¿En qué consiste realmente la vida eterna?

____

3. El rey David escribió muchos salmos sobre su apasionado amor por Dios. ¿Qué llevó a hacer a David este intenso amor en Salmos 63:1?

____

____

4. ¿Cuál es la razón principal por la que amamos a Dios según 1 Juan 4:19?

____

____

5. Lee Jeremías 29:12–13. ¿Qué promete Dios a aquellos que buscan   intensamente al Señor?

6. El profeta Oseas nos llama a "seguir adelante en conocer al Señor" según Oseas 6:3. ¿Qué dice el profeta que sucederá si hacemos eso?

HABLEMOS AL RESPECTO

¿Hay algo que te impida acercarte a Jesús? ¿La vergüenza? ¿Miedo? ¿Apatía? Comparte desde tu corazón, y permite que otros oren por ti.

Versículo para memorizar

He aquí, Yo estoy a la puerta y llamo; si alguno oye Mi voz y abre la puerta, entraré a él y cenaré con él, y él conmigo.

—Apocalipsis 3:20

SILAS

Sirvió fielmente en segundo plano

La primera vez que leemos sobre Silas, en Hechos 15:22, nos enteramos de que fue enviado por los apóstoles a la ciudad de Antioquía para servir junto a Pablo y Bernabé. Mostró un gran potencial de liderazgo en la iglesia primitiva. Viajó con Pablo a Siria, Corinto, Berea, Tesalónica y otras regiones, pero nunca se le cita en las Escrituras. Siempre se le menciona acompañando a Pablo, Pedro, Timoteo, o alguno de los líderes. Conocido también como Silvano ("Silas" puede haber sido un apodo o una versión griega de su nombre), era obviamente un jugador de equipo. No estaba hambriento de atención o aplausos. No le importaba ser el apoyo de alguien más.

Vemos su voluntad de apoyar a otros del equipo en 1 Pedro 5:12, donde Pedro elogia a Silvano por servir como escribiente de su primera epístola. No fue el autor de 1 Pedro, pero la escribió con su propia pluma mientras escuchaba el dictado de Pedro, quien lo llama "nuestro fiel hermano". La fidelidad de Silvano también es evidente en 2 Corintios 1:19, donde Pablo nos dice que él, Silvano, y Timoteo predicaron el Evangelio a la gente de Corinto. Y cuando Pablo escribió sus dos epístolas a los tesalonicenses, dirigió ambas cartas de parte de "Pablo y Silvano y Timoteo". Podría parecer que Silvano permaneció siempre en un segundo plano, pero esto no minimiza sus esfuerzos por plantar la semilla del Evangelio.

Quizás la historia más notable sobre Silas ocurrió cuando él y Pablo fueron arrestados y golpeados con varas en Filipos, después de que Pablo echara fuera un demonio de una esclava. Los dos valientes fueron encadenados al piso de una prisión, pero empezaron a cantar alabanzas a Dios en medio de la noche. De repente, un terremoto sacudió el edificio, todas las puertas se abrieron de par en par y se les cayeron las cadenas. Pablo y Silas llevaron al carcelero a la salvación y lo bautizaron a él y a su familia (véase Hechos 16:25-34). Silas aprendió que cuando cántamos alabanzas en nuestros peores momentos, Dios hace milagros. Silas trabajó duro para el Señor y es probable que afrontara muchas dificultades, pero cantaba con alegría a pesar de las sombrías circunstancias. ¡Que aprendamos de su humilde ejemplo!

Por eso cantamos

Cultivando una vida de adoración

> "Al final, la adoración nunca puede ser una puesta en escena, algo que finges o representas. Debe ser un desbordamiento de tu corazón [...] La adoración consiste en ser genuino con Dios, acercarse a Dios".
> —MATT REDMAN (1974-)
> LIDER DE ADORACIÓN Y COMPOSITOR BRITÁNICO

A LOS CRISTIANOS les encanta cantar. No importa en qué parte del mundo vivan, los creyentes en Jesús suelen adorar por veinte, treinta o cuarenta minutos cada vez que se reúnen. Los estilos musicales varían; algunas iglesias cantan himnos antiguos acompañados solo por un piano, mientras que las iglesias contemporáneas reúnen a muchos cantantes en el escenario junto con guitarras, bajos y baterías. En los países más pobres los fieles pueden utilizar tambores hechos con pieles de animales mientras un coro canta a capela; en los países desarrollados, las iglesias pueden disponer de elaborados sistemas de sonido con proyectores para mostrar las letras de las canciones en una pantalla.

Pero independientemente de la raza, cultura, procedencia o denominación, la música que exalta y glorifica a Dios es una parte preponderante de la vida cristiana. Cuando cantamos le damos a Dios el honor, la gloria, el agradecimiento y la alabanza que Él merece. Cantamos acerca de Su majestad, Su misericordia, Su poder y Su amor —y adoramos con profunda pasión y desbordante gratitud—. Nuestras canciones también nos recuerdan quién es Dios, y nos ayudan a conectarnos íntimamente con Él.

¿Por qué la alabanza y la adoración son fundamentales para nuestra fe? Si buscas exactamente en la mitad de tu Biblia encontrarás el Libro de los Samos, el antiguo himnario del pueblo judío. Contiene 150 canciones que se utilizaron durante siglos para celebrar la bondad, el amor y la misericordia de Dios. Al igual que los salmos están en el centro de las Escrituras, la alabanza está en el corazón de todo lo que creemos. Muchas de las palabras de los salmos se usan hoy en canciones modernas, y la gente ha escrito miles de canciones nuevas para honrar y exaltar al Señor.

La verdadera adoración es más o menos como cantar canciones de amor a Dios. Es nuestro débil intento de decirle a Dios cuánto lo amamos. El rey David, que era un hábil músico, escribió al menos 73 de las 150 canciones de amor de la Escrituras. Él y otros músicos anónimos expresaron lo que significa tener una relación con Dios.

Los estilos musicales han cambiado mucho desde la época del rey David, pero los cristianos han seguido alabando y adorando a Dios con alegría y pasión a lo largo de los siglos. De hecho, algunas de las mejores canciones, conciertos, óperas, baladas o himnos jamás escritos, podrían clasificarse como música de adoración. Así como *oran*, los cristianos también *alaban*. Somos un pueblo adorador. Aquí hay cinco cosas que te ayudarán a hacer de la adoración el centro de tu vida:

1. La alabanza y adoración atraen la presencia manifiesta de Dios. Santiago 4:8 dice: "Acercaos a Dios y Él se acercará a vosotros". Cuando nos humillamos ante Dios y cantamos acerca de Su amor por nosotros, Él responde. Esto sucede cuando estamos solos, pero también cuando adoramos juntos, en comunidad.

Jesús también enseñó que el Padre busca personas que lo adoren, siempre y cuando lo hagan "en espíritu y en verdad" (Juan 4:23). Dios quiere que nuestra adoración sea sincera, no fingida o por motivaciones incorrectas. En la Biblia a veces se compara la adoración con el incienso. Si nuestra adoración es honesta, sincera y auténtica, el Señor la recibirá como un olor fragante y exquisito, deleitándose grandemente en ello.

2. La alabanza y adoración enfocan nuestras mentes y corazones en Dios. El salmo 92:4 dice: "Porque tú, oh Señor, me has alegrado con lo que has hecho; cantaré jubiloso por las obras de tus manos". Cantar sobre la bondad de Dios, Su poder, Su majestad y Su amor hace que apartemos la vista de nuestros problemas. Cantar acerca de Él apacigua nuestros temores, inspira nuestra fe, y reaviva nuestro gozo. La adoración es como medicina para un corazón afligido.

3. La alabanza y adoración honran a Dios. Primera de Crónicas 16:23–24 dice: "Cantad al Señor, toda la tierra; proclamad de día en día las buenas nuevas de Su salvación. Anunciad Su gloria entre las naciones". Dios no necesita nuestra alabanza. Pero cuando lo alabamos lo honramos entre la gente para que puedan volverse a Él. La música cristiana, ya sea cantada en una iglesia, sonando en la radio, o interpretada en un concierto, hace que la gente ponga la mira en el cielo.

4. La alabanza y adoración derrotan a nuestros enemigos. Es difícil entender cómo nuestro canto afecta el reino de Satanás porque el impacto es invisible. Pero cuando alabamos a Dios, Él responde derrotando a Sus enemigos. En el Antiguo Testamento Dios le dijo al rey Josafat que enviara a los cantores al frente del ejército de Israel. Cuando comenzaron a adorar, el Señor tendió emboscadas contra el hostil ejército enemigo (2 Crónicas 20:22). Si enfrentas una crisis, tu mejor respuesta es cantar alabanzas a Dios.

5. La alabanza y adoración deben hacerse con entusiasmo. El predicador británico John Wesley (1703–1791) odiaba la adoración tibia. Le dijo a sus seguidores: "Cuidado con cantar como si estuvieseis medio muertos, o medio dormidos; levantad vuestra voz con fuerza".[1] El Libro de los Salmos nunca respalda la adoración a medias. El salmo 86:12 dice: "Te daré gracias, oh, Señor, Dios mío, *con todo mi corazón*" (énfasis añadido). Cuando alabamos a Dios con una entrega total, es más probable que aceptemos íntegramente Su voluntad para nuestra vida. Tu meta es aprender a adorar con todo tu corazón.

VAMOS MÁS **PROFUNDO**

El rey David instruyó a la gente a alabar a Dios de algunas maneras específicas. Lee estos versículos y enuncia las diferentes formas en que expresamos nuestra devoción al Señor:

1. Salmos 96:1–2

2. Salmos 100:1

3. Salmos 47:1

4. Salmos 5:7

5. Salmos 95:6

6. Salmos 149:3

7. Lee Salmos 63:1. Si queremos adorar a Dios de todo corazón, ¿qué actitud debemos tener?

8. Lee Salmos 63:3–4. ¿Cuánto tiempo debemos alabar a Dios?

9. Lee Salmos 34:1. ¿Cuándo debemos bendecir y alabar a Dios?

El salmo 150, último de la Biblia, es un bullicioso clímax musical de trompetas, arpas, instrumentos de cuerda y diferentes tipos de címbalos. Es como un gran signo de exclamación al final del libro, que llama a todas las personas a alabar a Dios, no solo en la iglesia (el "santuario"), sino en el mundo. Nos recuerda que al final de los tiempos toda la creación celebrará la bondad de Dios y reconocerá Su amorosa autoridad.

La palabra *aleluya* aparece tres veces en este salmo, una en el versículo uno, y dos veces en el versículo seis. Aleluya es una palabra hebrea que significa "Alabado sea el Señor" y los cristianos de todo el mundo utilizan esta palabra en su culto para expresar su sincera adoración a Dios. Es una palabra que une a los cristianos a nivel mundial. Debería formar parte de tu vocabulario ahora, si es que no la incluye aún.

10. Apocalipsis 19:4–6 nos muestra un avance de lo que estarán haciendo las personas redimidas al final de los tiempos. ¿Cómo describe la escena en que una multitud se encuentra cerca del trono de Dios? ¿Qué dicen los santos?

Un día todos los cristianos estaremos en la presencia de Dios Todopoderoso y nos postraremos ante el glorioso Cordero de Dios, Jesucristo. Le adoraremos y alabaremos eternamente por habernos redimido. Toda la alabanza que elevamos ahora, a este lado de la eternidad, simplemente es la preparación para la vida eterna con Él, para siempre.

HABLEMOS AL RESPECTO

¿Te sientes cómodo alabando a Dios en una reunión pública de la iglesia? ¿Por qué es importante adorar a Dios de todo corazón?

Versículo para memorizar

Servid al Señor con alegría; venid ante Él con cánticos jubilosos.

—Salmos 100:2

SANTIAGO

Un hermano de Jesús que creyó

¿Te imaginas cómo hubiera sido crecer en el hogar de José y María, los padres de Jesús? En Mateo 13:55-56 la Biblia menciona a cuatro hermanos de Jesús: Santiago, José, Simón, y Judas, junto con algunas hermanas cuyo nombre se omite. ¿Sabían estos hermanos que Jesús era el Hijo de Dios? Es probable que María hubiera compartido con ellos la historia del nacimiento virginal, pero durante los tres años y medio del ministerio de Jesús en la tierra, Santiago no creyó en Su divinidad. Quizás estaba demasiado cerca de Jesús para aceptar la descabellada idea de que ¡el chico con el que compartió una habitación mientras crecía, era el Hijo de Dios!

Todo esto cambió después de la resurrección de Jesús. El apóstol Pablo nos dice en 1 Corintios 15:7 que Jesús se apareció a Santiago después de mostrar Sus manos y pies traspasados a Sus seguidores cercanos. Su hermano no había visto las muchas sanidades realizadas por Jesús; no vio la comida multiplicada para la multitud, la resurrección de Lázaro, o los muchos exorcismos que hizo. Es posible que Santiago incluso se burlara de Él cuando oyó hablar de estos milagros. Sin embargo, cuando vio a su hermano con vida después de haber permanecido en la tumba tres días, Santiago se convirtió en un firme creyente. Se adaptó tarde, pero eso no lo descalificó de integrar el equipo de Jesús.

Santiago debe haber crecido rápidamente como discípulo, porque se convirtió en un líder de la iglesia primitiva. Pablo lo llama un pilar de la iglesia en Gálatas 2:9, y cuando los primeros cristianos judíos lucharon con la idea de que los gentiles se unieran a su movimiento, Santiago les aconsejó que abrieran sus corazones a dicha idea, radicalmente nueva. Santiago también escribió parte de la Biblia, y la breve epístola que lleva su nombre contiene la palabra *fe* dieciséis veces. Es asombroso que este hombre, que al principio dudó que Jesús fuera Dios, se convirtiera más tarde en un campeón de la fe cristiana. ¡Esto debería alentarnos a todos, aunque hayamos tenido dudas al principio, a convertirnos en creyentes firmes!

LECCIÓN 20

Peleando la buena batalla

¿Cómo resistir la tentación?

UNA DE las categorías de libros de más rápido crecimiento en el mercado actual es el género de autoayuda. Hay millones de títulos diseñados para enseñar a la gente cómo empezar un negocio, dirigir una empresa, sanar emocionalmente, mantener amistades, y por supuesto perder peso, dejar de fumar, o mejorar su vida sexual. Pero probablemente no halles en el mercado un libro titulado *¿Cómo dejar de pecar?* La razón es simple: es imposible que los seres humanos dejen de pecar por sí solos. La autoayuda no proporcionará las respuestas.

Todo el mundo sabe esto, independientemente de su condición espiritual. Prince, el cantante de pop que vendió más de 150 millones de discos antes de su temprana muerte, una vez cantó que siempre quería hacer lo que está mal.[1] El poeta irlandés Oscar Wilde admitió: "La única forma de deshacerse de la tentación es ceder a ella".[2] Y la estrella de Hollywood de los años 30 Mae West no bromeaba cuando dijo: "Entre dos males, siempre elijo el que nunca probé antes".[3]

Algunas personas suponen que cuando alguien se convierte en cristiano deja de luchar contra la tentación. ¡Eso no es cierto! Una persona puede arrepentirse de sus pecados conocidos, poner su fe en Jesús y experimentar una conversión milagrosa, pero cuando se despierte al día siguiente se dará cuenta de que aún, por momentos, puede sentir ira, decir palabras desagradables, o albergar pensamientos impuros.

Las personas adictas a las drogas, al alcohol, a la pornografía, o a los juegos de azar pueden descubrir el perdón de Cristo, pero es posible que no superen de inmediato y de la noche a la mañana todos sus malos hábitos. Y cuando dejen atrás estos hábitos nocivos, puede que sientan la tentación de volver a ellos. Deben aprender a resistir la tentación con la ayuda del Espíritu Santo que mora en ellos.

El apóstol Pablo escribió unas palabras magistrales sobre este dilema en su carta a los romanos. Aunque Pablo era un gigante espiritual y un genio teológico, admite que él también se sintió débil al enfrentar la atracción del pecado. Pablo escribió en 7:18–21 que mientras estemos en este cuerpo, de este lado de la eternidad, el pecado seguirá tirando de nosotros:

Porque yo sé que nada bueno mora en mí, esto es, en mi carne; pues en mí está el querer el bien, pero no el hacerlo. Porque el bien que quiero, no lo hago, sino practico el mismo mal que no quiero. Pero si hago precisamente lo que no quiero, ya no soy yo quien lo hace, sino el pecado que mora en mí. Encuentro entonces el principio de que el mal está presente en mí, el que quiere hacer el bien.

Pablo no está hablando aquí de la lucha de una persona antes de la conversión. Está describiendo nuestro camino de fe después de entregar el corazón a Cristo. Aunque amamos al Señor y el Espíritu Santo vive en nosotros, hay una batalla por librar en nuestras manos. Tenemos lo que Pablo describe como una "naturaleza pecaminosa", y constantemente se recrudece. Nuestra carne quiere desobedecer la ley de Dios a pesar de que nuestra conciencia despierta quiere hacer lo que es correcto. Todos enfrentamos este conflicto.

Algunas personas, por ejemplo, se sienten frustradas y desanimadas porque terminan viendo pornografía, a pesar de que la odien y aborrezcan la culpa que sienten después de verla. La atracción del pecado se vuelve aún más difícil porque la pornografía es de fácil acceso, y porque muchas personas a nuestro alrededor viven en relaciones inmorales, en una cultura que celebra el pecado sexual. Esta era una verdad latente entre la gente a la que Pablo escribía en la antigua Roma.

¿Cuál es la clave de la victoria sobre la tentación? Imaginemos que vives en una casa de dos pisos con sótano. Rara vez desciendes al nivel más bajo de la casa porque sabes que hay un monstruo enjaulado ahí mismo. Tiene colmillos, garras, y un aspecto horrible. Puedes escucharlo gruñir todos los días, y sabes que es vicioso.

Este monstruo no puede atacarte porque está encerrado en una jaula. Todo lo que puede hacer es asustarte (a menos, claro, que decidas aventurarte al sótano y meter las manos entre los barrotes de la jaula). O, si quieres ser realmente estúpido, puedes tomar la llave que cuelga de la pared, abrir la jaula, y darle de comer. Así te convertirás en su víctima.

¿Cuál es la solución? Debes ignorar al monstruo. Y será más fácil pasar por alto sus gruñidos si te mantienes en el piso más alto de la casa, lo más lejos posible del ruido. El monstruo continúa ahí, pero si permaneces por encima de él, tan distante que no puedas oír sus alaridos amenazantes, nunca te le acercarás.

Esto es esencialmente lo que el apóstol Pablo les dijo a los romanos que debían hacer con su naturaleza pecaminosa. Primero planteó una pregunta obvia: "¡Miserable de mí! ¿Quién me librará de este cuerpo de muerte?" (Romanos 7:24). Luego suministró la respuesta:

¡Gracias sean dadas a Dios por Jesucristo nuestro Señor! Así que, por una parte, yo mismo con mi mente sirvo a la ley de Dios, pero por otra, con mi carne a la ley del pecado. Por lo tanto ahora no hay condenación alguna para aquellos que están en Cristo Jesús. Porque la ley del Espíritu de vida en Cristo Jesús os ha librado de la ley del pecado y de la muerte.

—Romanos 7:25–8:2

Pablo nos llama más alto, a un lugar de escape. Aunque nunca estaremos completamente libres de la atracción del pecado en esta vida, Dios nos da, a través del nuevo pacto de gracia, un medio para ahogar el sonido del monstruo en nuestro sótano. Cuando hacemos esto, la Biblia dice que estamos "andando en el Espíritu" en lugar de satisfacer los deseos de la carne.

Si estás luchando con un hábito pecaminoso o una tentación constante, o si has caído en el mismo pecado múltiples veces y te sientes fracasado, sal del "sótano" y sube al nivel más alto de tu casa. Toma tu posición con el Cristo resucitado, que ha vencido al pecado.

Mientras plantas tus pies con firmeza sobre el monstruo de tu naturaleza pecaminosa, medita en la verdad de las palabras de Pablo en Romanos 6:14: "Porque el pecado no se enseñoreará de vosotros, pues no estáis bajo la ley, sino bajo la gracia". Cristo vive en ti, y Su gracia te ha sido dada en este conflicto. Puedes mirar hacia abajo al embravecido monstruo del pecado y decirle que se calle.

VAMOS MÁS **PROFUNDO**

1. Lee Efesios 2:4–6. Después de que Cristo murió por nosotros, nos dio vida con Él y nos resucitó con Él, ¿dónde pasamos a sentarnos?

2. Lee Romanos 8:1–2. ¿Qué ha hecho por nosotros "la ley del Espíritu de vida en Cristo Jesús"?

Podemos comparar esta "ley del Espíritu de vida en Cristo Jesús" mencionada en Romanos 8:2 con la ley de la aerodinámica. Sabemos que existe una ley de la gravedad, pero la ley de la aerodinámica es más poderosa. Un gigante Airbus A340 lleno de gente y cargado de combustible pesa 820,000 libras, y sin embargo, debido a la ley de la aerodinámica, puede volar sobre la tierra. Tú también puedes "remontarte" por encima del pecado, aunque normalmente ese pecado te atraería a la tierra. ¡Este es el milagro de la gracia!

3. Lee 1 Corintios 10:13. ¿Qué promete Dios proveernos cuando somos tentados?

4. Lee Santiago 1:13–15. ¿Cuál es la verdadera causa de la tentación?

Hebreos 4:15 dice que Jesús fue "tentado en todo" y, sin embargo, no pecó. Esto debería consolarnos grandemente; que Jesús —por ser completamente hombre y completamente Dios— entendió nuestras tentaciones humanas

5. Lee Mateo 4:4,7 y 10. ¿Qué le dijo Jesús al diablo para resistir sus tentaciones?

6. Lee Gálatas 5:16–18. ¿Cuál es el sencillo secreto para evitar los deseos de la carne?

7. Lee Gálatas 5:24. ¿Qué se dice acerca de las personas que pertenecen a Cristo Jesús?

HABLEMOS AL RESPECTO

Comparte un momento de tu vida en el que pudiste vencer una tentación específica.

Versículo para memorizar

Seguid velando y orando para que no entréis en tentación; el espíritu está dispuesto, pero la carne es débil.

—MATEO 26:41

ANA

Nos enseñó a orar

Cuando encontramos a Ana por primera vez en la Biblia es una mujer triste. No podía tener hijos, y a su infertilidad se sumó el hecho de que su marido era polígamo, y la otra esposa se burlaba de Ana por su condición. Sin embargo, como Ana amaba a Dios, no arremetió contra la gente por sus dolorosas circunstancias. Oró a Dios por un hijo, y al final no solo recibió uno, Samuel, sino tres hijos más, y dos hijas.

Dios honró a Ana por su gran fe. Aunque estaba deprimida, se dirigió al lugar de adoración en Ramá, donde "oró al Señor y lloró amargamente" (1 Samuel 1:10). El sacerdote judío Elí la acusó de estar borracha debido a su oración apasionada, pero Ana se aferró a su fe. Cuando nació Samuel, su bebé, lo consagró al Señor, y él se convirtió en un poderoso profeta en Israel. Más tarde Samuel ungiría al rey David como gobernante de la nación.

En aquellos días oscuros, las mujeres sufrían abusos e injusticias inimaginables. Y sin embargo, Dios honró a Ana, y su inspirado canto de acción de gracias pasó a formar parte de la Biblia (1 Samuel 2:1-10). En esta declaración profética Ana en realidad anunció la venida de Jesús, el Mesías. Ella dijo: "Los que contienden con el Señor serán quebrantados [...] y Él dará fuerza a Su rey, y exaltará el poder de Su ungido" (v. 10). La historia de Ana nos muestra que Dios responde la oración de fe sincera, y honra a quienes le honran, incluso si han sido deshonrados e ignorados por la gente.

LECCIÓN 21

El Dios que nos escucha
Descubre el poder de la oración

"Prefiero poder orar que ser un gran predicador; Jesucristo nunca enseñó a
Sus discípulos cómo predicar, sino como orar".
—DWIGHT L. MOODY (1837-1899)
EMPRESARIO ESTADOUNIDENSE QUE SE CONVIRTIÓ EN EVANGELISTA
MUNDIALMENTE FAMOSO

LA MAYORÍA de la gente, sea cristiana o no, cree en alguna forma de oración —en especial cuando se enfrenta a problemas graves—. Incluso los ateos pueden gritar "¡Dios, ayúdame!" si tienen un accidente automovilístico o se enfrentan a algún otro peligro repentino. Hay quienes rezan a ídolos de piedra, esperando que sus dioses les den buenas cosechas, envíen la lluvia, o maten a sus enemigos. Algunos seguidores de las enseñanzas de la Nueva Era encienden velas o pronuncian conjuros para ganarse el favor del reino invisible. Y no falta el que usa amuletos alrededor del cuello o lleva ciertos objetos en sus bolsillos para alejar el peligro o atraer la "suerte" divina.

Pero cuando Jesús vino a la tierra nos mostró que nuestra relación con Dios no tiene que ver con supersticiones, rituales complicados, buena suerte, o encantamientos. No tenemos que usar determinadas joyas, recitar ciertas palabras mágicas o abusar de nuestros cuerpos para convencer a Dios de que nos escuche. Jesús enseñó que servimos a un Padre amante que nos quiere, conoce nuestras necesidades, y desea bendecirnos. Él nos invita a comenzar una relación con Él, y a que le compartamos nuestras necesidades mientras hablamos con Él cada día.

¿Quieres conocer el secreto de la oración? ¿Quieres ver tus oraciones respondidas? El secreto simple consiste en reconocer tu profunda necesidad de Dios. Pregúntate a quién acudes primero cuando tienes dificultades. ¿Pasas la mayor parte del tiempo preocupándote por tus problemas, o has aprendido a confiar en el Señor y a poner tus necesidades en Sus manos?

El apóstol Pablo nos dio instrucciones prácticas al respecto en Filipenses 4:6:

Por nada estéis afanosos, sino sean conocidas vuestras peticiones delante de Dios, en toda oración y ruego, con acción de gracias.

La famosa evangelista holandesa Corrie ten Boom lo dijo de esta manera: "Querido Jesús…¡qué tonto de mí haber pedido ayuda humana cuando tú estás aquí!".[1] Esta es la esencia de la oración: volverse a Dios, buscar Su ayuda y reconocer que Él siempre es poderoso, aunque nos sintamos impotentes.

Mucha gente asume que la oración es solo un ejercicio religioso. Por ejemplo, los musulmanes rezan cinco veces al día, generalmente inclinándose hacia Arabia Saudita mientras recitan de memoria algunas oraciones en árabe. Hay algunos cristianos que asisten a un servicio todos los días, y también pueden recitar oraciones en un idioma que no entienden. Pero Dios no exige que adoptemos una postura determinada, repitamos ciertas palabras o asistamos a un templo o iglesia especial para llamar Su atención. ¡Él simplemente quiere nuestros corazones!

Algunos cristianos han comparado la oración con la respiración. Martín Lutero, el gran reformador, dijo esto: "Ser cristiano sin oración no es más posible que estar vivo sin respirar".[2]

El Señor nos ha dado tantas promesas en la Biblia para recordarnos que Él está dispuesto a escucharnos y respondernos:

- 1 Juan 5:14 "Esta es la confianza que tenemos delante de Él: que, si pedimos alguna cosa conforme a Su voluntad, Él nos oye".

- Salmos 86:7 "En el día de mi angustia te invocaré, porque Tú me responderás".

- Marcos 11:24 "Por lo tanto os digo, que todas las cosas por las que oréis y pidáis, creed que las habéis recibido, y os serán concedidas".

- Salmos 17:6 "Te he invocado, porque Tú me responderás, oh Dios".

- Proverbios 15:29 "El Señor está lejos de los malvados, pero escucha la oración de los justos".

- Juan 15:7 "Si permanecéis en Mí, y Mis palabras permanecen en vosotros, pedid todo lo que queráis, y os será hecho".

Jesús fue nuestro mejor modelo de cómo debería ser la oración. Para Él la oración no era un ejercicio religioso; era un estilo de vida caracterizado por la confianza. Constantemente estaba hablando con el Padre. Después de pasar varios días orando por los enfermos o endemoniados, Jesús se iba a un lugar solitario para pasar tiempo en oración. Aunque era plenamente Dios, también era plenamente humano, por lo que necesitaba acercarse al Padre y escuchar Su voz.

Una vez te conviertes en cristiano quieres desarrollar el hábito de acudir a Dios constantemente. Otra palabra para esto es *confianza*. Si confías en el Señor, hablarás con Él a lo largo del día sobre tus necesidades, deseos, preocupaciones y desafíos. Orarás que provea lo necesario, sabiduría para tomar decisiones, protección contra el peligro, que sane tus enfermedades, y que te fortalezca para afrontar cada reto. Y cuando confías en Dios, sabes que Él no solo está escuchando tus oraciones, sino que las responderá.

La palabra *respuesta* aparece veintisiete veces solo en el libro de los Salmos. Dios no nos desconecta, ni nos ignora. ¡Está escuchando! Esperando a que compartamos nuestras cargas y peticiones. Siempre está dispuesto a demostrar Su bondad. Incluso en nuestros peores días podemos experimentar Su respuesta a la oración.

VAMOS MÁS **PROFUNDO**

1. Lee Lucas 18:1–8. Jesús contó la historia de una mujer que importunó a un juez hasta que este, a regañadientes, le dio lo que ella quería. ¿Cómo se relaciona esta parábola con la oración?

____

____

2. Jesús habló a menudo sobre la necesidad de perseverar en la oración. ¿Qué nos prometió Jesús en Mateo 7:8?

____

____

Los verbos usados aquí en Mateo 7:8 —pedir, buscar, y llamar —están en la forma imperativa del tiempo presente continuo en griego, lo que significa que podrían traducirse: "sigan pidiendo, sigan buscando y sigan llamando". La oración que prevalece requiere persistencia.

3. Mucha gente piensa que las oraciones tienen que ser largas para que Dios las acepte. Pero él no exige que ores durante dos horas si quieres ser escuchado. ¿Qué oró Jabes en 1 Crónicas 4:10?

____

____

Las oraciones cortas pueden ser poderosas. Pronunciar un salmo promedio toma solo uno o dos minutos, y el salmo 117 —el más corto de todos —puede ser dicho en apenas nueve segundos. Dios acoge nuestras palabras, incluso las peticiones más simples.

4. Lee Romanos 12:12. ¿Cuál debería ser nuestra actitud frente a la oración, con base en estas palabras de Pablo?

____

____

Solemos pensar que la oración de fe desencadena respuestas instantáneas, pero este no siempre fue el caso de Pablo. Si bien es cierto que Dios puede responder de inmediato, a menudo nos pide que abracemos una promesa hasta que seamos lo suficientemente maduros para manejar la respuesta.

5. ¿Cómo nos ayuda el Espíritu Santo en la oración de acuerdo con Romanos 8:26–27?

____

____

6. Lee Mateo 18:19. ¿Qué sucede cuando dos o más cristianos oran juntos? ¿Qué significa "ponerse de acuerdo" en la oración?

____

____

HABLEMOS AL RESPECTO

¿Por qué crees que es importante que rindamos nuestras voluntades y deseos a Dios antes de orar por nuestras propias necesidades?

Versículo para memorizar

Regocijaos siempre; orad sin cesar; dad gracias en todo; porque esta es la voluntad de Dios para vosotros en Cristo Jesús.

—1 TESALONICENSES 5:16–18

VAMOS AÚN MÁS PROFUNDO

¿Cómo nos enseñó a orar Jesús?

Los discípulos de Jesús se le acercaron un día y le pidieron que les enseñara a orar. Vieron que la oración era para Jesús un estilo de vida, y querían lo mismo para ellos. Jesús les dio lo que hoy llamamos "El Padre nuestro", que dice:

Padre nuestro que estás en los cielos, santificado sea tu nombre. Venga tu reino. Hágase tu voluntad, así en la tierra como en el cielo. Danos hoy nuestro pan de cada día. Y perdónanos nuestras deudas, como también nosotros hemos perdonado a nuestros deudores. Y no nos dejes caer en tentación, más líbranos del mal. [Porque Tuyo es el reino y el poder y la gloria por siempre. Amen].

—Mateo 6:9–13

Muchos cristianos recitan esta oración todos los días —y por cierto no hay nada de malo en hacerlo—. Pero cuando Jesús compartió esta oración con Sus seguidores, no les estaba pidiendo que realizaran un ritual vacío a base de repetir las mismas palabras una y otra vez. Jesús estaba compartiendo cómo oraba desde Su propia vida. El Padrenuestro contiene los componentes simples de la oración que tú también deberías utilizar, pero puedes hacerlo con tus propias palabras y tus oraciones pueden variar cada vez. Veamos ahora seis aspectos clave de la poderosa oración de Jesús:

1. Conexión. Jesús oró: "Padre nuestro… santificado sea Tu nombre". Se dirigió al Dios verdadero, el Creador y Sustentador de toda vida. ¡Es importante a quién oras! Solo cuando oramos al Dios verdadero podemos esperar ser escuchados.

2. Adoración. Antes de pedir nada, Jesús alabó al único Dios. La oración no es solo pedirle cosas a Dios; es adorarlo por lo que Él es. A medida que crezcas en la oración pasarás más tiempo alabándolo y agradeciéndole por Su asombrosa gracia.

3. Consagración. Jesús oró: "Venga tu reino. Hágase tu voluntad". En esencia, estaba diciendo: "Padre, no se haga mi voluntad, sino la tuya". Cuando oramos debemos renunciar a nuestras propias agendas personales y abrazar la voluntad de Dios para nuestras vidas. La oración sincera no es exigirle a Dios que te dé lo que quieres, sino someterte a Sus deseos para nosotros.

4. Petición. Jesús nos animó a orar por nuestro pan de cada día. Él se interesa en los detalles más triviales de nuestras vidas. Se preocupa por nuestros dolores y molestias; le importa tu perro perdido, tu examen final de la escuela, o tu necesidad de un nuevo vehículo. No aburres a Jesús con tus necesidades. ¡Él quiere demostrarte que puede ser Tu proveedor!

5. Intercesión. Después de plantear a Dios nuestras propias necesidades, es el momento perfecto para hablar con Él sobre los demás. De hecho, este puede ser el aspecto más emocionante de la oración, porque es muy desinteresado. Aprende a orar por las necesidades de los que están más cerca de ti, así como por las necesidades de tu comunidad, iglesia, nación, y el mundo. A medida que crezcas en tu relación con Dios, descubrirás que Él quiere compartir contigo Sus planes para el mundo, y te invitará a orar para que Su voluntad se cumpla en determinadas situaciones.

6. Protección. Jesús también dijo que podíamos orar: "Líbranos del mal". Mientras vivamos en este mundo descompuesto debemos orar para que la mano de Dios nos proteja de las tentaciones y de todos los demás ataques de Satanás.

ELISEO

El sucesor de Elías

El poderoso profeta Elías tenía muchos discípulos y formó varias escuelas de profetas, pero nadie estaba más cerca de él que su dedicado seguidor Eliseo. Después del milagro más espectacular de Elías —cuando hizo descender fuego del cielo para demostrar la autoridad de Dios sobre Israel—, llamó al joven Eliseo para entrenarlo como el profeta que ocuparía su lugar. Desde el momento en que Eliseo sacrificó sus bueyes y abandonó la granja de su padre se convirtió en un discípulo apasionado que deseaba emular a su mentor.

Cuando llegó el momento de que Elías pusiera fin a su ministerio y se fuera al cielo, Eliseo mostró un hambre espiritual asombrosa. Le dijo a su mentor que quería una "doble porción" del poder del Espíritu Santo que descansaba en Elías (2 Reyes 2:9). Cuando los carros celestiales descendían en picada para llevarse a Elías a la gloria, el profeta arrojó su manto sobre Eliseo, lo que significa que Dios revestiría al joven profeta con una unción aún más milagrosa que la de su mentor. Si lees la historia de Eliseo en el Segundo libro de Reyes aprendes que realizó el doble de milagros que Elías, incluyendo la curación de un leproso, la purificación de aguas tóxicas, y la resurrección de un niño muerto.

La relación entre Elías y Eliseo es para nosotros un modelo de discipulado bíblico. Dios nunca pretendió que sus discípulos centraran toda su atención en su propia generación; Jesús quiere que entrenemos voluntariamente a los creyentes más jóvenes a través de la tutoría y fortaleciendo su ánimo.

LECCIÓN 22

Viviendo en lo sobrenatural
¡Experimenta los dones del Espíritu Santo!

"Jesús nos da el don del Espíritu Santo, pero cuando el Espíritu viene, ¡está cargado de paquetes! Él desea liberar mucho más en nosotros y a través de nosotros de lo que jamás podríamos imaginar. Estos dones son dados para la entrega, no para ser acumulados. Los recibimos para pasarlos a otros".
—JACK HAYFORD (1934-2023)
AUTOR Y PASTOR PENTECOSTAL

LA BIBLIA no nos dice el nombre del mendigo cojo que todos los días se sentaba fuera del templo en Jerusalén. Lucas cuenta la historia de este hombre en Hechos 3:1–10. Estoy seguro de que el pobre hombre tenía un nombre, pero para la mayoría de la gente era simplemente "el tullido" que evitaban al pasar por la puerta. Tal vez algunas personas amables echaran monedas en su taza, pero la mayor parte lo ignoraba. Es increíblemente triste que este hombre se sentara cerca del templo todos los días y la religión muerta no pudiera curarlo.

Pero todo cambió para él por lo que sucedió en el día de Pentecostés. En ese momento especial, descrito en Hechos 2:1–4, todos los discípulos de Jesús que se habían reunido para orar fueron bautizados en el Espíritu Santo. Fueron "revestidos de poder" como Jesús había prometido en Lucas 24:49.

Ahora, gracias a esa experiencia, Pedro y Juan tenían algo nuevo. Habían visto a Jesús sanar a las personas paralíticas. Debido a que el Espíritu Santo los había ungido con poder sobrenatural, levantaron al cojo sobre sus pies, ¡y él caminó! Realizaron el mismo milagro que habían visto hacer a Jesús varias veces. Y el mendigo sin nombre empezó a saltar y a gritar dentro del templo, creando un gran revuelo.

Este milagro debe haber sido vergonzoso para los líderes judíos, ya que no hicieron nada para ayudar a este hombre, a pesar de que había estado cojo los cuarenta años de su vida. Pero Pedro utilizó este milagro de sanidad para abrir la puerta a su siguiente sermón. Declaró audazmente: "Es el nombre de Jesús el que ha fortalecido a este hombre que ustedes ven y conocen" (Hechos 3:16). Pedro también recordó a las personas que ese Jesús al que habían crucificado era el Mesías, enviado por Dios.

No conocemos los detalles de la enfermedad del mendigo, salvo que "era cojo desde el vientre de su madre" (v. 2) y que había que llevarlo en brazos. Tal vez muchos médicos intentaron ayudarlo, pero no pudieron hacer nada. Sin embargo, su impresionante curación es solo el primero de los muchos milagros realizados por los discípulos en el libro de Hechos. Cada vez que una persona coja caminaba, o se abrían los ojos a un ciego, o alguien era liberado de un demonio, los discípulos probablemente recordaban lo que Jesús les dijo mientras estaba en la tierra:

> *Estas señales acompañarán a los que han creído: en Mi nombre expulsarán demonios, hablarán con nuevas lenguas; recogerán serpientes, y si beben veneno mortal, no les hará daño; impondrán las manos a los enfermos, y sanarán.*
>
> —MARCOS 16:17–18

Se mencionan muchos milagros más en el libro de Hechos: un edificio se sacudió durante una reunión de oración en Jerusalén; personas paralíticas fueron curadas en Samaria; el evangelista Felipe fue milagrosamente transpuesto de una ciudad a otra; hubo personas sanadas de sus enfermedades cuando la sombra de Pedro cayó sobre ellas; en Lida, Pedro resucitó de entre los muertos a una mujer llamada Tabita; Pablo fue dirigido a predicar en Macedonia debido a una visión sobrenatural; las puertas de la prisión se abrieron solas en Filipos; una esclava fue liberada de un demonio; la gente fue sanada de distintas enfermedades en Éfeso; y una serpiente venenosa mordió a Pablo en la isla de Malta, pero él no presentó ninguna reacción ante lo sucedido.

Estos son solo algunos de los milagros mencionados en Hechos, pero a leer las epístolas de Pablo nos enteramos de que se produjeron otras señales y prodigios milagrosos cuando él predico en Tesalónica, Corinto, y otras ciudades. Los milagros fueron característicos del período del Nuevo Testamento. Los primeros cristianos esperaban milagros porque Jesús los había prometido. El Evangelio de Marcos dice lo siguiente sobre los primeros discípulos:

Y salieron y predicaron en todas partes, mientras el Señor trabajaba con ellos, y confirmaba la palabra con las señales que la seguían.

—MARCOS 16:20

El propósito de los dones espirituales, señales, y prodigios no es llamar la atención sobre nosotros mismos de alguna manera sensacionalista. Es "confirmar" el mensaje que predicamos. Es probar que Dios es real y el Evangelio es verdadero. El apóstol Pablo explicó a los corintios que el Espíritu Santo en realidad proporciona "dones" o "manifestaciones" sobrenaturales a los cristianos cuando reciben Su poder. Conocidos como *charismata* en griego, estos dones son las herramientas sobrenaturales que los primeros cristianos utilizaron para plantar iglesias, expulsar demonios, y superar enormes obstáculos espirituales.

Si estamos llenos del Espíritu, deberíamos sentirnos cómodos cuando operan Sus dones —ya sea en una reunión de la iglesia, una comunidad hogareña, o en las calles. Estos denominados "dones de poder" se enuncian en 1 Corintios 12:7–11, y deberían manifestarse regularmente en cualquier iglesia abierta a la obra del Espíritu. En el pasaje se cita cada uno de estos dones (énfasis añadido):

Pero a cada uno le es dada la manifestación del Espíritu para el bien común. Porque a uno le es dada la *palabra de sabiduría* por el Espíritu, y a otro la *palabra de conocimiento* según el mismo Espíritu; a otro, *fe* por el mismo

Espíritu, y a otro *dones de sanidades* por el mismo Espíritu, y a otro el *hacer milagros*, y a otro *profecía*, y a otro el *discernimiento de espíritus*, a otros *diversos géneros de lenguas*, y a otros *interpretación de lenguas*. Pero un mismo Espíritu obra todas estas cosas, distribuyendo a cada uno individualmente tal como Él quiere.

Algunos cristianos creen que estos dones ya no siguen operando hoy, pero esto se debe a que con demasiada frecuencia nos falta la fe para lo sobrenatural. Jesús, por cierto, nunca dijo a Sus seguidores que Su poder dejaría de funcionar después de una generación. Los mismos milagros que ocurrieron en el libro de Hechos están ocurriendo hoy en todo el mundo. El mismo Espíritu que obró entre los primeros discípulos quiere darnos poder a nosotros.

VAMOS MÁS **PROFUNDO**

1. Lee 1 Corintios 12:4–7. Dios da diferentes tipos de dones espirituales. Pero, ¿cuál es el objetivo general de estos dones en la iglesia?

2. Lee 1 Timoteo 4:14. ¿Qué le dice el apóstol Pablo a Timoteo sobre los dones espirituales que se le han dado?

3. Además de los "dones de poder" mencionados en 1 Corintios 12:8–10, Pablo proporciona otra lista de siete dones espirituales en Romanos 12:6–8. Enuméralos.

4. El mismo Pablo hablaba en lenguas, y se benefició de esta práctica.Pero, según dijo en 1 Corintios 14:19, ¿qué era lo que más deseaba?

____

____

5. Pablo usó sus dones espirituales, y quería que sus discípulos hicieran lo mismo. Pero, ¿qué dijo que era aún más importante según 1 Corintios 13:1–2?

____

____

HABLEMOS AL RESPECTO

Pablo dijo en 1 Corintios 14:1 que debemos desear fervientemente los dones espirituales. ¿Qué dones de la lista de 1 Corintios 12:7–11 te gustaría tener, y por qué?

Versículo para memorizar

Y salieron y predicaron en todas partes, mientras el Señor trabajaba con ellos, y confirmaba la palabra con las señales que la seguían.

—MARCOS 16:20

VAMOS AÚN MÁS PROFUNDO

Hoy necesitamos los dones del Espíritu Santo

El apóstol Pablo dijo a los corintios: "Seguid el amor, y desead de todo corazón los dones espirituales" (1 Corintios 14:1). Dios quiere que deseemos estos dones del Espíritu Santo en nuestras vidas, pero no nos obliga a usarlos. Necesitamos estos nueve dones en nuestras iglesias hoy:

1. **La palabra de sabiduría.** Cuando este don opera, Dios nos revela una solución sobrenatural a un problema que no puede ser resuelto por las buenas ideas del hombre. Es verdaderamente una respuesta celestial.

2. **Palabra de conocimiento.** El Espíritu Santo a veces revela información que no podría haber sido conocida por el hombre. Este don estaba en acción cuando Jesús miró dentro del corazón de la mujer samaritana (Juan 4:17–18) y supo que se había casado cinco veces.

3. **El don de fe.** Este no es el tipo de fe que necesitamos a diario. El don de fe es una habilidad especial para creer en cosas grandes. Una persona que actúa con fe sobrenatural motivará a otros a orar hasta que llegue la respuesta, o a realizar un milagro.

4. **El don de sanidades.** Pablo les dijo a los corintios que en realidad hay "dones" (plural) de sanidades. Dios sigue activo sanando cuerpos, mentes y corazones rotos. Puede que Él quiera usarte para orar por sanidades físicas o emocionales en personas que conozcas.

5. **El don de milagros.** Dios todavía puede abrir las puertas de las prisiones, romper cadenas, liberar mensajeros angélicos, cambiar los patrones climáticos, o liberar a las personas de los demonios. A menudo escuchamos testimonios de milagros de misioneros que trabajan en el extranjero, pero Dios puede hacer milagros en cualquier lugar.

6. **Profecía.** Dios ama hablar a Su pueblo, y usa instrumentos humanos. La profecía podría llamarse "ánimo sobrenatural" por-

que siempre edifica a la persona que recibe una palabra del Señor, aunque sea correctiva. Puede que Dios quiera usarte para hablar un mensaje directo a otros.

7. Discernimiento (o "discernimiento de espíritus"). No todo lo sobrenatural proviene de Dios, por lo que necesitamos discernimiento para protegernos del ocultismo y otras manifestaciones de espiritualidad falsa. El Espíritu Santo proporciona este don para que podamos distinguir entre la obra de Dios y una falsificación demoníaca. También necesitamos este don para liberar a las personas de los demonios.

8. Hablar en lenguas. Hay "diversos géneros de lenguas" mencionados en 1 Corintios 12:10. Los creyentes pueden tener su propio lenguaje de oración privado, pero algunas personas también tienen el don de hablar en lenguas durante una reunión de la iglesia. Y hay ocasiones en que los cristianos reciben una habilidad especial para hablar en un idioma extranjero y así poder comunicar el Evangelio.

9. Interpretación de lenguas. Similar a la profecía, este don puede transmitir un mensaje de Dios que fue hablado en una lengua extranjera o angelical. Ninguna barrera idiomática puede limitar al Espíritu Santo.

Jesús nos ofrece hoy Su poder milagroso para que cuando prediquemos el Evangelio Dios pueda confirmar el mensaje. Si quieres Su poder sobrenatural pídele Sus dones espirituales, y espera a que fluyan.

BERNABÉ

Un humilde consolador

El apóstol Bernabé se menciona veintinueve veces en el Nuevo Testamento, pero nunca se le cita. Tal vez se deba a que este humilde líder estaba dispuesto a sevir en un segundo plano. Era un predicador talentoso, pero no necesitaba ser el centro de atención. Originario de la isla de Chipre, su nombre de pila fue José, pero los otros apóstoles le pusieron por apodo Bernabé, que significa "Hijo de Consolación" (Hechos 4:36). Los líderes en Jerusalén finalmente lo enviaron a la nueva y creciente iglesia de Antioquía, y el "empezó a animarlos a todos con corazón resuelto a permanecer fieles al Señor" (Hechos 11:23). Su principal motivación era fortalecer a los demás.

Bernabé fue el mentor del joven converso llamado Saulo, y vio el potencial de este hombre mucho antes que los demás. Saulo llegó a ser conocido como el apóstol Pablo, y él y Bernabé enseñaron a los nuevos creyentes en Antioquía. Terminaron viajando juntos, predicando en Chipre y en Asia Menor. Pablo y Bernabé compartían la pasión por alcanzar a los gentiles, y Pablo debió aprender mucho de su sabio hermano en la fe. Sin duda Bernabé ayudó a Pablo a formular sus planteamientos sobre Jesús y el Evangelio. El perfil de Pablo empezó a crecer durante estos años de ministerio juntos, pero Bernabé no se sintió amenazado. Siempre trabajando en equipo, Bernabé parecía contento de ser el número dos. Incluso el último.

Algunos eruditos creen que Bernabé pudo haber escrito la carta neotestamentaria a los Hebreos. Otros han sugerido que lo hicieron Pablo, Apolos, e incluso Priscila, pero nadie lo sabe con certeza. Si fue Bernabé, eso podría explicar por qué la epístola no incluye la identidad del autor en el saludo inicial. Bernabé estaba contento "tras bambalinas". Plantó iglesias, donó generosamente para financiar la obra misionera, fue mentor de lideres y dio su sangre para servir a la iglesia primitiva. Haríamos bien en seguir su ejemplo.

LECCIÓN 23

Estás en construcción
¿Cómo Dios nos cambia desde adentro?

CUANDO DIOS quiso reconstruir la ciudad de Jerusalén, que había sido destruida por el rey de Babilonia, levantó a un valiente líder llamado Nehemías para administrar el ambicioso proyecto de construcción. No era una tarea fácil. Cuando Nehemías hizo una inspección completa de la averiada ciudad, encontró que los muros habían sido derribados y todas las puertas quemadas(véase Nehemías 2:13,17). La ciudad había sido saqueada y estaba totalmente desprotegida y vulnerable a los invasores.

Curiosamente, el nombre Nehemías significa "Consolador" —el mismo que se da al Espíritu Santo en el Nuevo Testamento—.[1] En griego, "Consolador" puede significar *paracleto,* o alguien que es "llamado a nuestro lado" para ayudar.[2] Y leemos en la Biblia que Nehemías guio a los judíos a reconstruir la ciudad ladrillo a ladrillo, incluso mientras sus enemigos amenazaban con detener la obra.

Las ruinas de Jerusalén nos recuerdan cómo eran nuestras vidas cuando recién llegamos a Cristo. El pecado nos había asolado. Nuestras almas estaban heridas y rotas. Habíamos sido "quemados" por nuestras propias decisiones y las personas que nos lastimaron. Nuestras vidas estaban en ruinas, devastadas por la adicción, la lujuria, el odio, la amargura, el orgullo y la codicia. Pero cuando el Espíritu Santo entró, desplegó un milagroso proceso de transformación. Esto es lo que sucede en la vida de cada creyente en Jesús.

El Espíritu Santo es el "director de obra" de este asombroso pero agotador proyecto. Como Nehemías, él irrumpe en nuestras vidas para excavar y revisar. Llama a Sus cuadrillas, despliega Su maquinaria pesada y da inicio a lo que podríamos llamar un "cambio extremo". Él limpia los escombros, retira la basura, pone los nuevos cimientos, reconstruye las puertas y reedifica los muros destrozados de nuestras vidas.

Este proceso invisible de sanidad y restauración es lo que la Biblia llama *santificación*. Tal milagro es descrito por el apóstol Pablo en Tito 3:5–6:

> *Él nos salvó, no sobre la base de obras que nosotros hubiéramos hecho en justicia, sino según Su misericordia, por el lavamiento de la regeneración y renovación por el Espíritu Santo, a quien derramó sobre nosotros abundantemente por Jesucristo nuestro Salvador.*

La palabra griega utilizada en este versículo para renovar, *anakainosis*, significa "una renovación o cambio completo para mejorar".[3] Jesús nos ama incondicionalmente, pero no quiere que nos quedemos en la misma condición en la que nos encontró. Él nos conduce por un rigusoso proceso de limpieza. Trabaja en nuestro carácter, nuestros pensamientos, motivaciones y actitudes. Quema la basura de nuestras tendencias pasadas y elimina los escombros de nuestros miedos, ansiedades y resentimientos.

¿Cuál es el objetivo final del Espíritu Santo? ¡Quiere que seamos como Jesús! Vemos esto en Romanos 8:29, que dice: "A los que conoció de antemano, también los predestinó para que fueran hechos conforme a la imagen de Su Hijo, a fin de que Él fuese el primogénito entre muchos hermanos". Si vamos a llegar a ser como Jesús, el Espíritu Santo tiene mucho trabajo que hacer. Como un escultor, Él descarta muchas cosas de nuestras vidas que son impuras, egoístas o mundanas. No podemos cambiarnos a nosotros mismos a la imagen de Jesús, pero el Espíritu Santo sí puede. Simplemente debemos rendirnos a Su proceso.

El gran objetivo del Espíritu Santo es producir en nosotros el carácter de Cristo. La Biblia llama a esto "el fruto del Espíritu" (Gálatas 5:22).

Jesús se comparó una vez con un jardinero, y a sus seguidores, con vides. Como un agricultor diligente, Él quiere producir una cosecha abundante. El proceso de crecimiento espiritual no es instantáneo. Ningún agricultor cultiva su cosecha de la noche a la mañana. El Espíritu se toma su tiempo, y debemos ajustarnos a Su horario.

El apóstol Pablo nos dijo lo que el Espíritu busca en nuestras vidas. Él escribió en Gálatas 5:22–25:

Pero el fruto del Espíritu es amor, gozo, paz, paciencia, amabilidad, bondad, fidelidad, mansedumbre, dominio propio; contra tales cosas no hay ley. Ahora bien, los que pertenecen a Cristo Jesús han crucificado la carne con sus pasiones y deseos. Si vivimos por el Espíritu, andemos también por el Espíritu.

El pastor alemán Dietrich Bonhoeffer, quien sufrió y murió en 1945 a manos de sus perseguidores nazis, señaló que el fruto del Espíritu no es algo que podamos forzar o fabricar. El fruto del Espíritu es el resultado de un proceso interior invisible. Escribió: "El fruto es siempre lo milagroso, lo creado; nunca es el resultado de la voluntad, sino siempre un crecimiento. El fruto del Espíritu es un don de Dios, y solo Él puede producirlo. Quienes lo llevan saben tan poco de él como sabe el árbol de su fruto. Solo conocen el poder de Aquel de quien depende su vida".[4]

¿Quieres este fruto en tu vida? No puedes hacer que crezca. No puedes ir a un seminario y volverte automáticamente más cariñoso o más paciente. Es imposible que un ser humano se amolde al carácter de Jesús; en lugar de ello debemos rendirnos al Espíritu y dejar que Él nos cambie. Él quiere traer estas nueve cualidades a nuestras vidas:

1. **Amor.** Si quieres más amor, eso significa que el Espíritu Santo debe tratar con tu egoísmo, ira y resentimiento.

2. **Gozo.** ¿Qué pasaría si oraras por más gozo? Dios tendrá que eliminar tu tendencia a quejarte y lamentarte.

3. **Paz.** Si el Espíritu Santo trae Su paz, tendrás que entregarle tus angustias y temores.

4. **Paciencia.** Si quieres más paciencia, tendrás que aprender a descansar en el tiempo de Dios y aceptar los períodos de espera.

5. **Amabilidad.** ¿Aprenderás a mostrar amor y compasión a las personas que no merecen ser tratadas con amabilidad? El Espíritu Santo nos enseña cómo hacerlo.

6. **Bondad.** ¿Qué pasaría si oraras para que Dios te hiciera más generoso?¿Estás dispuesto a entregarle tu billetera? El Espíritu Santo cortará de raíz cualquier avaricia en tu vida.

7. **Fidelidad.** Aunque hayas sido una persona inestable y errática en el pasado, Dios puede hacerte consistente y digno de confianza.

8. **Mansedumbre.** El Espíritu Santo puede poner Su dedo en tu ira y desenterrar algunas heridas profundas que te han hecho ser duro con los demás. Jesús puede hacerte tierno y amoroso.

9. **Dominio propio.** ¿Estás dispuesto a pedirle al Espíritu Santo que rompa cualquier adicción dañina que te haya esclavizado? Independientemente de lo que te haya controlado en el pasado, el pecado no tiene que gobernar tu vida.

Filipenses 1:6 nos recuerda que es Dios quien diseña nuestra transformación personal, no nosotros:

> *Porque estoy seguro de esto, que el que comenzó en vosotros la buena obra la perfeccionará hasta el día de Cristo Jesús.*

Recuerda, no puedes cultivar el fruto del Espíritu por ti mismo. Ese no es tu trabajo. Debes invitar al Espíritu que mora en tu interior a que obre en ti. Deja que Él te cambie. Deja que Jesús saque todas Sus herramientas para que con todo Su cuidado Él pueda cavar, picar, cortar regar, fertilizar, y podar hasta que produzca una cosecha que le traiga gozo.

VAMOS MÁS **PROFUNDO**

1. Según 2 Corintios 3:18, estamos siendo transformados al contemplar la gloria de Dios. ¿Quién es responsable de esta milagrosa transformación?

____

____

2. Efesios 4:24 dice que debemos "revestirnos del nuevo yo" como si nos vistiéramos con ropa nueva. ¿Cómo es ese nuevo yo?

____

____

3. Lee la antigua profecía de Malaquías (ver Mal. 3:2-3). En este pasaje se compara a Jesús con el fuego y el jabón, y luego con un hombre que calienta la plata y la funde para remover las impurezas del metal. ¿Qué dice Dios que les sucederá a Sus seguidores después de ese proceso?

____

____

4. Lee Romanos 12:1–2. Pablo nos dice que no nos conformemos al mundo sino que somos "transformados" por la renovación de nuestra mente. ¿Qué aprenderemos si hacemos esto?

____

____

Según este pasaje de Romanos, la transformación interior se produce cuando nos sometemos a Dios. Durante siglos, los cristianos han llamado a esto el acto de *consagración* —que significa "dedicarse irrevocablemente a la adoración de Dios mediante una ceremonia solemne"—.[5] Cuando inclinamos nuestros corazones ante Dios en una rendición absoluta y le decimos: "Señor, haz lo que quieras en mí", permitimos que el Espíritu Santo nos cambie. La entrega total elimina cualquier obstáculo para que Dios pueda cambiar nuestras actitudes, doblegar nuestra voluntad, purificar nuestras motivaciones, reordenar nuestras prioridades, aplastar nuestros hábitos pecaminosos, y hacernos más como Jesús. No te límites a consagrar tu vida a Dios solo de vez en cuando. Jesús nos llama a una vida de consagración continua.

HABLEMOS AL RESPECTO

Repasa la lista de cualidades del fruto del Espíritu Santo. ¿Cuál de ellas necesitas más y por qué?

Versículo para memorizar

De modo que, si alguno está en Cristo, nueva criatura es; las cosas viejas pasaron; he aquí nuevas cosas han venido.

—2 Corintios 5:17

VAMOS AÚN MÁS PROFUNDO

Deja que Jesús te cambie a diario

Muchos de nosotros luchamos con una imagen propia distorsionada. Queremos creer que Dios nos ama, pero nuestras experiencias negativas nos han programado para rechazar la verdad. Tal vez esta haya sido tu experiencia. Quieres creer en la Biblia, pero la mayoría de los días piensas que eres un fracasado, un estúpido, débil, inferior, descalificado, o indigno de ser amado.

¿Cómo puedes detener estos patrones erróneos de pensamiento? Debes escuchar lo que Dios dice de ti. Romanos 12:2 advierte: "Transformaos mediante la renovación de vuestra mente". Hay muchas escrituras que describen tu verdadera identidad. Medita en los siguientes versículos bíblicos para que puedas superar las mentiras que has creído sobre ti mismo. Pronuncia estas palabras con regularidad y deja que sanen la imagen que tienes de ti mismo:

Soy amado. Jeremías 31:3 dice: "Te he amado con amor eterno; te he atraído con amabilidad inagotable". El amor de Dios por mí es tan grande que resulta difícil de concebir. Llevará toda la eternidad comprender plenamente cuán grande es Su amor. A pesar de mis errores, mis debilidades y mis pecados, Dios es bondadoso y misericordioso, y me ama incondicionalmente.

Soy un hijo de Dios. Mi padre se deleita en mí, como en un hijo o una hija. No está enojado conmigo. Mi Padre amoroso me acepta y me celebra. Efesios 1:6 dice: "Él nos hizo aceptos en el Amado" (NKJV). ¡Soy bienvenido en la casa de mi Padre!

Estoy perdonado. He sido lavado en la sangre de Cristo. Estoy limpio. Él no guarda un archivo de mis pecados. Se ha deshecho de todo mi registro. Incluso eligió olvidar mis pecados. Efesios 1:7 dice: "Tenemos redención por Su sangre, el perdón de pecados, según las riquezas de Su gracia" (NKJV).

Soy inocente. Cuando Dios me mira, ve la justicia de Jesús, no mi pecado. Él tomó mis ropas sucias y me dio un nuevo manto de justicia. Efesios 1:4 dice que Él nos escogió antes de la fundación del mundo "para que fuéramos santos e irreprensibles delante de Él".

He sido adoptado. El Padre me quería en Su familia. Él pagó el precio más alto para que yo pudiera ser Su hijo. Me atrajo desde muy lejos para que pudiera vivir con Él para siempre. ¡Le pertenezco! Romanos 8:15 dice que "he recibido el espíritu de adopción, por el cual clamamos: 'Abba, Padre'" (NKJV). ¡Puedo llamar a Dios mi Papá!

Soy heredero con Cristo. Tengo una herencia espiritual. Todo lo que pertenece al Padre me ha sido dado. Dios no retiene su bondad de mí. Romanos 8:17 dice que soy "heredero de Dios" y "coheredero con Cristo". Efesios 1:3 dice que hemos sido bendecidos con toda bendición espiritual en Cristo.

Soy libre del pecado. El pecado no tiene poder sobre mí. Puedo huir de la tentación. Romanos 6:18 dice que ahora soy un "esclavo de la justicia" porque he sido liberado de mis pecados y adicciones pasados. Segunda de Corintios 5:17 dice que si alguien está en Cristo, las cosas viejas pasaron y "todas han sido hechas nuevas".

Soy victorioso. No solo soy un conquistador. Romanos 8:37 dice que soy más que vencedor gracias a aquel que nos amó (NKJV). Debido a la victoria que Cristo ganó en la cruz por mí, también he vencido al pecado y a la muerte. Primera de Juan 4:4 dice: "Mayor es el que está en vosotros que el que está en el mundo". ¡ El diablo ha sido derrotado!

Soy el templo del Espíritu Santo. El Espíritu Santo de Dios vive en mí, según 1 Corintios 6:19. Nunca estoy solo. La presencia de Dios siempre está conmigo porque Su Espíritu Santo reposa en mí para siempre. Y Jesús prometió que nunca me dejará ni me desamparará. Nunca me quitará Su Santo Espíritu.

He recibido poder. He sido lleno del Espíritu Santo. Ahora puedo imponer las manos sobre los enfermos y verlos sanados. Puedo echar fuera demonios. Tengo autoridad sobre todo poder del diablo. Jesús dijo en Lucas 10:19: "Os he dado potestad para hollar serpientes y escorpiones, y sobre todo el poder del enemigo".

Soy un guerrero espiritual. Llevo la armadura de Dios. Tengo el escudo de la fe, el yelmo de la salvación y la espada del Espíritu. El diablo no podrá derrotarme. Efesios 6:10 dice que soy fuerte en el Señor y en el poder de Su fuerza. Incluso cuando me siento débil soy fuerte porque el Espíritu Santo me da poder.

Tengo la paz de Dios. No seré sacudido por la preocupación, el miedo o la ansiedad. Dios me consuela y calma mis temores. Filipenses 4:7 dice que la paz de Dios, que sobrepasa todo entendimiento, guardará mi corazón y mi mente en Cristo Jesús. El miedo no me controla. El salmo 118:6 dice: "El Señor está por mí, no temeré".

Soy guiado por el Espíritu de Dios. El Señor es mi Pastor, y Él me lleva y me guía. Puedo escuchar Su voz suave y apacible. El salmo 32:8 me promete: "Yo te instruiré y te enseñaré el camino en que debes andar". Dios dirige mis pasos, me da sabiduría, y me ayuda a tomar las decisiones correctas.

Estoy lleno del gozo de Dios. Mi alegría no se basa en mis circunstancias. Puedo regocijarme sin importar lo que esté pasando en mi vida. Cuando me siento desanimado, Nehemías 8:10 promete: "El gozo del Señor es vuestra fortaleza". Incluso cuando paso por momentos difíciles sé que el dolor no durará para siempre. Tengo la promesa del salmo 30:5: "El llanto puede durar toda la noche, pero un grito de alegría viene por la mañana".

Soy embajador de Cristo. Puedo reconciliar a otros con Jesucristo. Donde quiera que vaya, la gente se sentirá atraída por Jesús. Segunda de Corintios 5:20 dice que Dios me ha hecho embajador. Y 2 Corintios 3:6 dice que Dios me ha hecho un ministro adecuado del nuevo pacto. Estoy calificado, no por mis propias habilidades, sino porque Dios me ha calificado.

Soy Su obra maestra. Dios me creó para un propósito especial. Él me usará para hacer buenas obras que traerán gloria al Padre. Efesios 2:10 dice que soy "hechura" de Dios —lo cual significa "obra maestra" —. Tengo una asignación divina ¡y cumpliré la misión de Dios para mi vida!

Soy bendecido. Dios me ve y se preocupa por mí. Es un buen Padre. Él provee para mis necesidades diarias. Lucas 6:38 dice que cuando doy a otros, Dios me dará en medida "llena a reventar, sacudida para que haya lugar para más y desbordante". Experimentaré Su provisión sobrenatural. Y Filipenses 4:19 dice: "Mi Dios suple todo lo que me falta conforme a Sus riquezas en gloria en Cristo Jesús".

Estoy creciendo como discípulo. Crezco, más estable cada día porque Jesús es mi fundamento. Cuando me sienta débil, confundido, inestable o atormentado, encontraré paz y estabilidad en Cristo, quien es mi refugio. Colosenses 2:7 dice que ahora estoy siendo "firmemente arraigado y sobreedificado en Él, y confirmado en [mi] fe". Porque tengo fuertes raíces en Cristo, daré mucho fruto para Dios.

Siempre tengo acceso a Su gracia. Jesús me ha dado gracia para cada prueba que enfrento. Él me promete en 2 Corintios 12:9: "Mi gracia te basta, porque mi poder se perfecciona en la debilidad".

Siempre habrá fuerzas suficientes para afrontar cada día, no importa cuán débil me sienta. La gracia de Dios nunca se agotará.

Viviré para siempre con Cristo. Romanos 6:23 dice: "La dádiva de Dios es vida eterna en Cristo Jesús, Señor nuestro". Pasaré la eternidad en la presencia de Dios. Apocalipsis 21:27 dice que mi nombre ha sido escrito en el Libro de la Vida del Cordero; por lo tanto, habitaré en la ciudad celestial con Cristo cuando esta vida termine.

Declara estas verdades sobre tu vida regularmente. Deja que la Palabra de Dios transforme la manera en que te ves a ti mismo.

JUDAS

Defendió la verdad

Al igual que su hermano Santiago, Judas pertenecía a la familia de José y María, por lo que creció conociendo a Jesús como hermano. Pero no lo siguió durante Su ministerio terrenal. Judas llegó a creer que Jesús era el Hijo de Dios después de la resurrección, más eso no lo descalificó para ejercer un poderoso ministerio en el siglo I. Escribió una breve carta en el Nuevo Testamento —uno de los cinco libros más cortos— pero los fundadores de la iglesia primitiva estuvieron de acuerdo en que su carta fue inspirada por el Espíritu Santo.

Si bien Judas no reconoció la deidad de Jesús cuando era joven, su epístola declara enfáticamente esta verdad. Se refiere a Jesús como "Señor" varias veces (Judas 1:4, 17, 21, 25), recordándonos que Él es nuestra máxima autoridad. El objetivo de la enérgica carta de Judas era advertir a los cristianos sobre los peligrosos falsos maestros que afirmaban llevar el mensaje del Evangelio cuando en realidad eran impostores. Judas dijo que estos engañadores, como lobos, se habían "infiltrado encubiertamente" para poder "convertir la gracia de nuestro Dios en libertinaje y negar a nuestro único Dueño y Señor, Jesucristo" (v. 4). Advirtió que las personas se atribuirían ser predicadores del Evangelio y que, sin embargo, practicarían la inmoralidad sexual y todas las formas de corrupción moral y financiera.

El breve pero poderoso mensaje de Judas, ubicado casi al final de la Biblia, nos recuerda que Satanás hará todo lo posible para engañar a los cristianos, distorsionar la verdad y dividir a la Iglesia. Desafía a todos los seguidores de Jesús a "luchar adientemente por la fe que ha sido dada una vez a los santos" (v. 3). Por eso debes crecer fuerte, no solo en el conocimiento de la Palabra de Dios, sino también en un carácter piadoso. ¡Que todos seamos como Judas, que no hizo concesiones con el mensaje del Evangelio!

Extrayendo la verdad divina
¿Cómo estudiar la Biblia?

"¡La Biblia no es un libro para perezosos! Gran parte de su tesoro, como los valiosos minerales almacenados en las entrañas de la tierra, solo se entrega al buscador diligente".
—ARTHUR PINK (1886-1952)
AUTOR Y TEÓLOGO

En los días de Jesús la gente no tenía sus propios ejemplares de las Escrituras. Los escribas, cuidadosamente, hacían copias del Antiguo Testamento en rollos de papiro o pieles de animales, que luego se guardaban en las sinagogas y solo podían ver los rabinos. Mucha gente común y corriente, y casi todas las mujeres, eran analfabetas. Los judíos escuchaban a un rabino leer las Escrituras, y esta era su única oportunidad de oír la Palabra de Dios. El judío ordinario no contaba con un Antiguo Testamento en su estantería o junto a su mesita de noche .

Después de que la Iglesia comenzó a crecer, copias de diferentes partes del Nuevo Testamento circularon entre las congregaciones. Los líderes de los cristianos se reunían para discernir qué escritos eran inspirados por el Espíritu Santo, y estos fueron "canonizados," o reconocidos como oficiales. La primera copia real del Nuevo Testamento, en un rollo, no apareció sino hasta el año 175 d.C. aproximadamente. Hasta entonces los cristianos solo escuchaban las Escrituras cuando las leían en voz alta.

Lo que hoy llamamos "libros" apareció solo alrededor del año 320 d.C. Más tarde, en el año 405 d.C. un hombre llamado Jerónimo terminó de traducir el Nuevo Testamento al latín (le llevó veintitrés años), pero las copias de esta Biblia Vulgata en latín solo circularon entre los líderes de la Iglesia. Para el 600 d.C el Nuevo Testamento había sido traducido a ocho idiomas.

Durante la Edad Media los monjes eran vistos como los guardianes de la Biblia, y pasaban su vida haciendo meticulosas copias a mano de las Escrituras. Pero estas copias eran muy costosas, por lo que solo se guardaban en iglesias o monasterios. De hecho, los sacerdotes enseñaban que la gente del común no debía estudiar la Biblia ¡ya que no la entenderían!

Hasta 1229 un concilio eclesiástico dictaminó que solo los sacerdotes podían poseer un ejemplar de la Biblia. Este fallo llevó a algunas personas a distribuir Biblias en forma ilegal, de contrabando. Finalmente, un valiente erudito llamado John Wycliffe hizo la primera traducción inglesa de la Biblia en 1382. Él declaró: "Todo cristiano debe estudiar este libro porque es toda la verdad".[1] Wycliffe se metió en serios problemas con la Iglesia Católica porque enseñaba que las Escrituras —y no el Papa— eran la máxima autoridad de Dios.

Tras la muerte de Wycliffe por un derrame cerebral en 1384, los funcionarios eclesiásticos declararon culpable de herejía a cualquiera que tradujese la Biblia al idioma de la gente común. Los líderes eclesiásticos llegaron incluso a exhumar y quemar el cuerpo de Wycliffe para enviar el mensaje contundente de que no tolerarían "crímenes" como la traducción de la Biblia. Así que la Biblia en inglés pasó a la clandestinidad durante 130 años.

Pero la difusión del Evangelio no pudo ser contenida. El mayor avance se produjo en 1455, cuando un inventor alemán llamado Johannes Gutenberg imprimió la Biblia en la primera imprenta de tipos móviles. Esta máquina puso los libros al alcance de la gente común, provocó un aumento en la alfabetización, impulsó los descubrimientos científicos, y difundió el cristianismo por todas partes. Aunque Gutenberg no fue exitoso en los negocios y murió en una relativa oscuridad, hoy se le reconoce como una de las personas más influyentes del mundo porque su imprenta cambió la historia para siempre.

En la actualidad la Biblia completa se ha traducido a 717 idiomas y el Nuevo Testamento a otras 1.582 lenguas.[2] Gracias a la tecnología digital, las historias y enseñanzas bíblicas están disponibles para millones de personas a través de videos, películas, dibujos animados, sermones grabados y Escrituras digitalizadas. Nunca la Biblia ha sido tan accesible.

Sin embargo, a pesar del enorme precio que tantas personas pagaron para que tuviéramos acceso a la Biblia, a menudo la descuidamos. Si quieres profundizar en tu relación con Dios, desarrolla el hábito de leer y estudiar Su Palabra. Si te enamoras de la Biblia y la valoras como el precioso tesoro que es, Dios te hablará desde sus páginas con regularidad y te fortalecerá con su verdad.

VAMOS MÁS **PROFUNDO**

1. ¿Qué dijo el apóstol Pablo sobre la Palabra de Dios en 2 Timoteo 2:9?

____

____

Este versículo nos ayuda a entender por qué la influencia de la Biblia ha seguido multiplicándose a lo largo de los siglos. No importa qué poderes hayan intentado deshacerse de la Biblia, su mensaje continúa difundiéndose.

2. ¿Qué le dijo Pablo a Timoteo que hiciera en su congregación mientras esperaba su regreso, de acuerdo con 1 Timoteo 4:13?

____

____

3. Esdras amaba a Dios y lideró al pueblo judío durante un período difícil de la historia de Israel. De acuerdo con Esdras 7:10, ¿qué hizo el autor de este libro con las Escrituras?

....

____

____

4. Lee Proverbios 4:10–13. ¿Qué sucederá si aceptamos los dichos de la Biblia?

____

____

HABLEMOS AL RESPECTO

Relata alguna ocasión en la que el Espíritu Santo te haya hablado mientras estudiabas la Biblia. ¿Qué te mostró?

Versículo para memorizar

Meditaré en Tus preceptos y consideraré Tus caminos. Me deleitaré en Tus estatutos; no olvidaré Tu palabra.

—SALMOS 119:15–16

VAMOS AÚN MÁS PROFUNDO

Consejos prácticos para estudiar la Biblia

Muchos cristianos están demasiado ocupados para pasar un tiempo tranquilo con Dios. Pero no crecerás espiritualmente si no desarrollas el hábito de dedicar tiempo personal a la oración y la lectura de la Biblia. Aquí hay algunas formas de enriquecer tu tiempo en la palabra de Dios y permitir que sea una experiencia más íntima

Establece una hora para tu "cita" con Dios. No hay ninguna regla sobre cuándo orar o estudiar. Algunas personas prefieren las mañanas; a otras les resulta más fácil orar en la tarde o noche. Una vez desarrolles tu propio hábito y te des cuenta de lo mucho que te beneficia, descubrirás que, simplemente, no puedes vivir sin tu tiempo devocional.

Elige un lugar especial que garantice privacidad. Jesús nos recordó que el retiro es un secreto de la devoción significativa. Él dijo: "Pero tú, cuando ores, entra en tu aposento, y cuando hayas cerrado la puerta, ora a tu Padre que está en secreto" (Mateo 6:6, MEV). Necesitas un lugar tranquilo donde puedas leer y estudiar para que puedas concentrarte. ¡Y no olvides silenciar tu teléfono!

No te presiones. No tienes que leer cincuenta capítulos de la Biblia de una sola sentada. Camina a tu ritmo. Sé realista y da pasos pequeños. Empieza leyendo un capítulo de la Biblia al día y ora unos quince minutos. Eventualmente querrás más. La clave es ser consistente.

Usa una Biblia de estudio. No entenderías una obra de Shakespeare si leyeras el manuscrito original de 1595. La lengua inglesa ha cambiado mucho desde entonces. La única manera de entender una obra de Shakespeare es leer una versión comentada que explique los pasajes y palabras difíciles. Del mismo modo, las Biblias de estudio proporcionan notas a pie de página muy útiles.

Elige una traducción de fácil lectura. Las traducciones modernas, como la Nueva Versión Internacional o la New American

Standard Bible, son más fáciles de leer. Ten a mano otras traducciones, como la Versión Ampliada (AMP) para comparar versículos. Puedes usar una Biblia en línea como la "YouVersion" para leer diferentes traducciones a la vez.

Aprende a "masticar" la Biblia. Una de las formas más sencillas de estudiar la Biblia es leer un libro a la vez (como Romanos o Isaías) y digerir lentamente cada versículo, capítulo a capítulo. A veces se compara el estudio de la Biblia con una vaca que mastica el bolo alimenticio una y otra vez. ¡Cuánto más lees un pasaje, más "jugo" le sacas!

Escucha la voz de Dios. El Señor quiere hablarte directamente a través de las páginas de Su Palabra. Cuando lees las Escrituras con un corazón que ora, Dios puede hacer que un versículo salte de la página como un mensaje directo y personal. El predicador británico Charles Spurgeon escribió: "Cuando he estado en problemas, he leído la Biblia hasta que un texto pareciera salirse del libro y me saludara diciendo: 'Fui escrito especialmente para ti'".[3]

Utiliza ayudas de estudio. La *Concordancia Exhaustiva de la Biblia de Strong* te permite buscar cualquier palabra en el hebreo del Antiguo Testamento o en el griego del Nuevo Testamento. Puedes encontrar el significado original de la palabra, lo que te proporciona una visión más profunda. Esta herramienta, así como el *Comentario sobre toda la Biblia de Matthew Henry,* se encuentran disponibles en línea.

Espera obtener revelación. Antes de leer la Biblia, pídele al Espíritu Santo que ilumine tu mente y te revele la verdad. Pide al Señor que te dé percepciones sobre Su Palabra. Proverbios 2:2, 4–5 dice: "Haz atento tu oído a la sabiduría, inclina tu corazón a la inteligencia […] si la buscas como a la plata y la escudriñas como a tesoros escondidos; entonces discernirás el temor del Señor y descubrirás el conocimiento de Dios". Es importante acercarse a la Palabra con un corazón inquieto, que lo busca.

Anota tus percepciones. Mantén cerca un cuaderno o tu tableta para anotar lo que Dios te muestre. También puedes registrar las revelaciones que recibas escribiéndolas en los márgenes de tu Biblia. Escribirlas te ayudará a recordarlas.

Aplica la Palabra a tu vida. Al ser la Biblia un libro divinamente inspirado, siempre ofrece una aplicación relevante a las situaciones de la vida. Hazte preguntas después de leer: "¿Qué me dice este pasaje sobre el carácter de Dios?"; "¿Qué me dice sobre Jesucristo?"; "¿Qué otras verdades revelan?"; "¿Qué me dice este pasaje que haga, y cómo puedo responder en obediencia?".

Conviértete en un minero de oro. Estudiar la Biblia es como extraer metales preciosos o joyas. ¡Espera encontrar tesoros! Cuando lees el libro de Hechos, por ejemplo, puedes buscar referencias al poder sobrenatural del Espíritu Santo y encontrar mucha revelación. Pero cuando lo leas por segunda vez, busca referencias al cruce de fronteras raciales y étnicas. Una tercera vez puedes leerlo desde el ángulo de la oración. Cada libro de la Biblia es como un diamante multifacético, y la luz brillará desde todos los ángulos.

JOB

Soportó el sufrimiento

Job es el libro más antiguo de la Biblia. Rico terrateniente con diez hijos, Job era un hombre justo y temeroso de Dios de la tierra de Uz —probablemente situada en la actual Arabia Saudita—. Los eruditos no están seguros de quién escribió su historia, pero el testimonio de perseverancia de Job en medio del sufrimiento aún brinda un gran consuelo a personas de todo el mundo.

Satanás quería demostrar a Dios que Job no le serviría si experimentaba dificultades. Así que Job sufrió una serie de dolorosas calamidades, que incluyeron enfermedades, pérdida de propiedades, y la muerte de sus hijos. Nada de esto parece justo, pero el libro de Job ofrece una mirada profunda a la cuestión del sufrimiento y por qué Dios lo permite. Al final aprendemos que Job no sufrió a causa de su propio pecado sino simplemente porque a veces Dios permite pruebas y tribulaciones en nuestras vidas para Sus propios propósitos. Dios quería que Job comprendiera que, incluso cuando a las personas buenas les ocurren cosas malas, Él sigue siendo Dios y nosotros no.

Al concluir las pruebas de Job, todo lo que había perdido le fue restituido al doble, y hasta tuvo diez hijos más. La historia de Job es dolorosa de leer, pero el resultado final se resume en Job 42:10: "El Señor restauró la fortuna de Job". Durante el viaje de Job hacia el crecimiento espiritual también tuvo una profunda revelación de la venida del Mesías. Job dijo: "En cuanto a mí, sé que mi Redentor vive, y al final se afirmará sobre la tierra". Es asombroso que este antiguo personaje bíblico, que probablemente vivió antes de Abraham, recibiera una profecía sobre la venida de Jesucristo. Desde el principio de la historia Dios siempre ha planeado enviar a Jesús para redimirnos.

LECCIÓN 25

Nuestra travesía por el desierto
Permaneciendo fuertes durante pruebas y tribulaciones

"Cuando anhelemos una vida sin dificultades, recuérdanos que los robles crecen fuertes con vientos contrarios y los diamantes se hacen bajo presión".
—PETER MARSHALL (1902-1949)
PREDICADOR QUE SIRVIÓ COMO CAPELLÁN DEL SENADO DE LOS ESTADOS UNIDOS

CUANDO EMPEZAMOS nuestro viaje con Jesús aprendemos que Él tiene muchas bendiciones maravillosas reservadas para nosotros: la salvación del pecado, la promesa de la vida eterna, la liberación de la culpa, las bendiciones de la oración respondida, y tantos otros beneficios. Pero esto no significa que los cristianos no tengan problemas. Vivimos en un mundo quebrantado e invadido por el pecado, y eso significa que mientras estemos de este lado de la eternidad tendremos luchas.

Hoy en día hay predicadores cristianos que afirman que todas nuestras preocupaciones desaparecen cuando empezamos a seguir al Señor. Dicen que si tienes suficiente fe nunca te enfermarás, nunca tendrás un accidente y nunca afrontarás problemas financieros. Algunos predicadores incluso tratarán de convencerte de que si citas lo suficiente un versículo de la Biblia, o pasas determinado tiempo en oración, o das mucho dinero en ofrendas, Dios te bendecirá con éxito ilimitado, salud y riqueza. Algunos han apodado a esas personas "predicadores de la prosperidad" porque insisten en que la fe en Jesús te garantizará una vida fácil, sin problemas, ni estrés.

¿De dónde sacamos la idea de que seguir a Jesús sería fácil? Jesús dijo a Sus discípulos: "Seréis detestados por todos a causa de mi nombre" (Marcos 13:13). Pablo le dijo a Timoteo: "Ciertamente, todos los que desean vivir piadosamente en Cristo Jesús padecerán persecución" (2 Timoteo 3:12). Nunca olvides que servir a Dios tiene un costo.

Las personas que siguieron a Dios en la Biblia sufrieron de muchas maneras. El ancestral Job, cuya historia es una de las más antiguas de la Biblia, perdió todo lo que tenía, incluida su familia. Sara luchó con años de infertilidad. Los propios hermanos de José lo vendieron como esclavo. Noemí enviudó y perdió a sus dos hijos. David tuvo que esconderse para salvar su vida durante años mientras el rey Saúl lo cazaba como a un animal. En el Nuevo Testamento, la mayoría de los discípulos de Jesús fueron perseguidos y asesinados por predicar el Evangelio. Y el apóstol Pablo fue azotado con varas, apedreado y dado por muerto por una turba enardecida, traicionado por amigos, víctima de un naufragio y encarcelado por su fe.

Sin embargo, Pablo no permitió que sus problemas removieran su fe. Una vez, cuando los oficiales romanos lo encarcelaron, Pablo escribió la breve carta a los Filipenses, a veces llamada "la epístola del gozo" porque contiene las palabras *alegría* o *regocijo* dieciséis veces. En los cuatro cortos capítulos de la carta, Pablo nos exhorta continuamente a alabar a Dios sin importar lo sombrías que sean nuestras circunstancias. Escribe: "Me regocijaré" (Filipenses 1:18); "Me gozo y comparto mi alegría con todos vosotros" (2:17); "Os animo a que os alegréis de la misma manera" (2:18); "Por lo demás, hermanos míos, gozaos en el Señor" (3:1); y "Regocijaos en el Señor siempre; otra vez digo: ¡regocijaos!" (4:4).

Después de decir a sus amigos de Filipos cuánto los amaba, y que oraba por ellos mientras se encontraba en prisión, Pablo dijo:

> *Ahora quiero que sepáis, hermanos, que mis circunstancias han resultado para mayor progreso del Evangelio, de modo que mi encarcelamiento por la causa de Cristo ha llegado a ser bien conocido por toda la guardia pretoriana y por todos los demás, y que la mayoría de los hermanos, confiando en*

el Señor debido a mi encarcelamiento, tienen mucho más coraje para hablar la palabra de Dios sin temor.

—FILIPENSES 1:12–14

¿Oyes el entusiasmo de Pablo? Tiene todas las razones para quejarse: de sus cadenas, las escasas raciones de comida y del maltrato de los soldados romanos. Pero Pablo realmente estaba agradecido en medio de sus difíciles circunstancias porque veía obrar la mano de Dios. Aunque se sintiera incómodo y le hubiesen quitado sus libertades, encontró algo bueno en medio de su prueba. Por eso pudo decir: "Regocijaos en el Señor siempre". Cada vez que leas esas palabras, recuerda que las escribió un hombre encadenado.

En otra de sus cartas, Pablo habló sobre la forma en que Dios usa nuestras circunstancias y momentos difíciles para modelar nuestro carácter y hacernos fecundos espiritualmente. Les dijo a los corintios: "Porque la tribulación breve y momentánea produce en nosotros un eterno peso de gloria más allá de cualquier comparación" (2 Corintios 4:17). Si comprendemos esta profunda verdad, responderemos de manera diferente cuando nos enfrentemos a los retos de la vida. En lugar de lloriquear y quejarnos como bebés egoístas, daremos un paso atrás, reconoceremos que Dios está con nosotros en la prueba, y nos regocijaremos porque Él caminará con nosotros a través del desafío.

Vemos este proceso en la vida de David. Durante su largo viaje para convertirse en rey, David terminó en un oscuro pueblo llamado Siclag. Los eruditos no están seguros de dónde se encontraba ese lugar, solo que se hallaba en el remoto desierto de Judea. Siclag significa "presión" y alude al proceso de dar forma al metal fundido . Mientras David estaba en ese sombrío lugar, escribió: "Mi alma tiene sed de ti [...] en una tierra seca y agotada donde no hay agua" (Salmos 63:1).

David no perdió la fe mientras sufría. Permaneció sediento de Dios. Oraba constantemente, sabiendo que se hallaba en el fuego de la prueba. Dios estaba aplicando presión y calor a fin de formarlo para una responsabilidad mayor. Al final, David salió de Siclag, y se sentó en el trono de Jerusalén. ¿Cuál fue el secreto de David para soportar las pruebas? Al igual que Pablo, David obviamente sabía regocijarse cuando no tenía ganas. Después de todo escribió la mayoría de los salmos —canciones que compuso cuando enfrentaba problemas inimaginables—.

Hacia 1970 un capellán militar llamado Merlin Carothers escribió un pequeño libro llamado *De la prisión a la alabanza*. Hoy ha vendido más de diecisiete millones de copias en cincuenta y tres idiomas. Desafía a los lectores a dar gracias y alabar a Dios en medio de las dificultades, y está lleno de testimonios de personas comunes que experimentaron avances milagrosos cuando obedecieron este sencillo principio.

Lo que Carothers escribió hace más de cincuenta años sigue siendo pertinente hoy: "El acto mismo de alabar libera el poder de Dios sobre un conjunto de circunstancias y permite a Dios cambiarlas. Los milagros, el poder y la victoria formarán parte de lo que Dios hace en nuestras vidas cuando aprendamos a alegrarnos en todas las cosas".[1]

VAMOS MÁS **PROFUNDO**

1. Lee 1 Pedro 4:12–13. ¿Cómo debemos responder cuando experimentamos pruebas, dificultades o sufrimientos de cualquier tipo?

____

____

2. Lee 1 Pedro 5:10. ¿Qué dice Pedro que nos sucederá después de haber sufrido un corto período de tiempo?

____

____

3. Según Romanos 5:3–4, ¿qué producen finalmente nuestros sufrimientos?

____

____

4. Lee Salmos 27:5–6. ¿Qué hará Dios por nosotros en el día de la angustia?

____

____

5. En este salmo, en el versículo 6, ¿qué hizo David cuando enfrentó dificultades?

____

6. Lee 1 Pedro 4:19. ¿Qué debemos hacer cuando sufrimos de alguna manera?

____

____

7. Según Santiago 1:2–3, ¿cuál debe ser nuestra actitud cuando experimentamos diferentes tipos de pruebas? ¿Y qué producen estas pruebas en nuestras vidas?

____

HABLEMOS AL RESPECTO

¿Cuál es la prueba más difícil que has soportado recientemente? Sé sincero: ¿pudiste regocijarte en medio de ella?

Versículo para memorizar

Porque considero que los sufrimientos de este tiempo presente no son dignos de compararse con la gloria que se nos ha de revelar.

—ROMANOS 8:18

FELIPE

Fue testigo del poder del Espíritu Santo

Los primeros cristianos eran todos judíos, pero rápidamente el Espíritu Santo comenzó a derribar los muros raciales y étnicos. El libro de Hechos nos dice que los apóstoles eligieron a algunos griegos para que sirvieran como líderes en la iglesia —y uno de ellos era un hombre llamado Felipe—. Su nombre griego nos dice que procedía de una familia no israelita. En Hechos 8 viajó a Samaria —un lugar que los judíos evitaban— y predicó con valentía el Evangelio a personas de diferente origen racial. Muchos enfermos sanaron, y otros fueron liberados de demonios.

En el viaje de regreso de Felipe a Jerusalén, un ángel le indicó que testificara a un influyente hombre etíope que viajaba por un camino desierto. Lo más probable es que este hombre fuera un converso al judaísmo, pero tras escuchar la enseñanza de Felipe, declaró: "Creo que Jesucristo es el Hijo de Dios" (Hechos 8:37). Quería ser bautizado de inmediato, así que Felipe atendió esta solicitud. Entonces el Espíritu "arrebató a Felipe" (v. 39) a una región del Mar Mediterráneo, donde predicó en otras ciudades, deteniéndose en Cesarea, la capital de la Judea romana. Felipe hizo de esta ciudad su base ministerial mientras seguía proclamando el Evangelio.

En la vida de Felipe vemos la pasión que ardía en el corazón de los primeros cristianos. Estaban dispuestos a cruzar desiertos, cordilleras y océanos para llevar el mensaje de Jesús a todas las naciones. Felipe estaba dispuesto a predicar a los samaritanos, a quienes los judíos consideraban marginados. También se desvió de su camino para hablar con el etíope, y la historia nos dice que este converso regresó a su tierra natal para plantar la primera iglesia cristiana en Etiopía. Felipe nos muestra cómo Dios desea utilizarnos a cada uno de nosotros para extender el reino de Cristo a nuevas personas y lugares hasta que todos hayan escuchado. ¡Todos necesitamos el arrojo de Felipe!

La misión global de Dios

¿Por qué debemos difundir el Evangelio?

"Si tuviera mil vidas, China debería tenerlas".
—J. HUDSON TAYLOR (1832-1905)
MISIONERO BRITÁNICO EN CHINA

CUANDO estuvo en la tierra, Jesús pasó casi todo su tiempo en la pequeña tierra de Israel, que puede haber tenido una población de unas quinientas mil personas. Jesús se aventuró fuera de las fronteras de Palestina solo unas pocas veces. Habló a algunas multitudes, y muchos en Israel oyeron acerca de Él por Sus milagros y enseñanzas, pero enfocó la mayor parte de su atención en un pequeño grupo de discípulos. Y cuando murió y resucitó solo tenía unos pocos cientos de seguidores.

Pero Jesús tenía un objetivo ambicioso que iba mucho más allá de las fronteras de Palestina, cuyo tamaño era aproximadamente el de Nueva Jersey. No se tomó la molestia de venir a la tierra, vivir una vida sin pecado y ser clavado en una cruz romana solo para poder tocar a un grupo de personas tan reducido. Aunque vivió humildemente, en un oscuro rincón del mundo, les dijo a Sus seguidores que Su misión era más grande de lo que podían soñar.

- Jesús dijo en Juan 12:47: "No he venido a juzgar al mundo, sino a salvar al mundo".

- El apóstol Juan dijo que Jesús fue enviado para ser "el Salvador del mundo" (1 Juan 4:14).

- Jesús les dijo a Sus discípulos después de Su resurrección que quería que fueran a todas partes. Les dijo: "Id por todo el mundo y predicad el Evangelio a toda criatura" (Marcos 16:15).

¿Todo el mundo? Sí, este fue siempre el gran plan de Jesús. Sabía que moriría en una cruel cruz, en un pequeño puesto romano del Oriente Medio, pero ordenó a sus discípulos que llevaran las buenas nuevas de salvación a todas partes. En el primer siglo la población mundial era apenas de doscientos millones de personas —mucho menos que la población actual de los Estados Unidos—.[1] Jesús sabía que pronto el mundo tendría miles de millones de personas, pero comisionó a Sus discípulos para que llevaran Su mensaje a cada aldea, cada tribu, a cada ciudad sin importar su tamaño, y a cada país.

Jesús a menudo hablaba a Sus discípulos usando imágenes agrícolas porque en aquellos tiempos todos entendían las cuestiones del campo. Comparó el trabajo de esparcir el Evangelio con la siembra y la cosecha, y a los cristianos con los "obreros" que hacían el trabajo. En una de Sus más famosas parábolas o historias, habló de un agricultor que sembraba semillas en cuatro tipos diferentes de suelo: (1) junto a un camino donde los pájaros devoraban las semillas, (2) en un terreno rocoso donde era difícil cultivar, (3) en campos espinosos donde los cultivos sanos no podían florecer, y (4) en buena tierra donde era fácil que las plantas crecieran y produjeran frutas, vegetales o granos (véase Marcos 4:3–8).

Explicó entonces a Sus seguidores que el agricultor representaba a la persona que comparte el mensaje de la palabra de Dios con los demás. Los estaba preparando para su misión. Jesus además dio otra parábola agrícola en Marcos 4:30–32, de nuevo involucrando una semilla. Él dijo:

> *El reino de Dios [...] es semejante a un grano de mostaza que, cuando se siembra en la tierra, aunque es más pequeño que todas las semillas que hay en ella, una vez sembrado crece y se hace más grande que todas las plantas del jardín y forma grandes ramas, de modo que las aves del cielo pueden anidar a su sombra.*

¿Alguna vez has visto una semilla de mostaza? Es una pequeña mota negra, tan diminuta como un grano de arena. Y sin embargo, de esa ínfima semilla crece una gran planta que produce una cosecha. Jesús contó esa historia para preparar a Sus seguidores, y a nosotros, para el milagro que ocurriría después de que Él muriera por nosotros. Jesús estaba prediciendo que Su mensaje se haría viral y que la Iglesia se extendería por todo el mundo.

Después de que Jesús resucitó de entre los muertos, les dio a Sus discípulos lo que ahora llamamos la Gran Comisión. Los envió desde Israel a predicar el mensaje de salvación en Cristo. Justo antes de ascender al cielo, se paró en una montaña al este de Jerusalén y dijo:

> *Pero recibiréis poder cuando haya venido sobre vosotros el Espíritu Santo; y seréis mis testigos tanto en Jerusalén como en toda Judea y Samaria, y hasta en los lugares más remotos de la tierra.*

HECHOS 1:8

En el libro de Hechos, tenemos una historia cuidadosamente investigada de las primeras décadas del movimiento cristiano primitivo. Los primeros discípulos, llenos del celo y el valor del Espíritu Santo, predicaron a los judíos en Jerusalén, luego se extendieron a otras partes de su país y comenzaron a discipular a italianos y otros extranjeros. Rápidamente difundieron el Evangelio a lo que hoy es Turquía, luego a Grecia, y después a Roma.

En las cartas de Pablo encontramos que estaba planeando un viaje a España (Romanos 15:28) y que su discípulo Tito había dejado la isla de Creta para plantar una iglesia en Dalmacia, que es la actual Croacia. También sabemos por los registros históricos que algunos de los demás discípulos de Jesús llevaron el Evangelio a Egipto, Libia, Persia, India y otras partes de Europa —todo ello en solo una generación—. La pequeña semilla de mostaza que plantó Jesús creció rápidamente.

Avanza rápido al presente y encontrarás 2.600 millones de personas que afirman ser cristianas alrededor del mundo, incluyendo muchos creyentes que sufren por su fe en naciones como Corea del Norte, Arabia Saudita, Cuba, Uzbekistán,China e Irán.[2] El árbol de mostaza ha crecido enormemente, pero todavía hay muchas personas que nunca han escuchado el Evangelio una sola vez.

Jesús está esperando que terminemos el trabajo que nos encomendó. Pero, ¿qué nos motivará a realizar esta tarea? Justo antes de que Jesús enviara a Sus discípulos a predicar por primera vez, observó a las multitudes que lo seguían. Vio el dolor en sus rostros; sintió tristeza al notar sus dolencias físicas. Mateo 9:36–38 dice:

Al ver a la gente, sintió compasión de ellos, porque estaban angustiados y desanimados como ovejas sin pastor. Entonces dijo a Sus discípulos: "La mies es mucha, pero los obreros son pocos.

Rogad, pues, al Señor de la mies que envíe obreros a Su mies".

¿Amas a los perdidos lo suficiente como para compartir a Jesús con ellos? En el siglo XIX el pastor británico Charles Spurgeon llamó a sus conversos a preocuparse por los perdidos. Él dijo: "Si los pecadores van a ser condenados, al menos dejemos que salten al infierno pasando sobre nuestros cuerpos; y si van a perecer, que perezcan con nuestros brazos alrededor de sus rodillas, implorándoles que se queden, y que no se destruyan locamente. Si el infierno debe llenarse, que al menos se llene a pesar de nuestro esfuerzo, y que nadie vaya allí sin haber sido advertido y sin que se orase por él".[3]

La misión global del Señor es nuestra misión. Cada uno de nosotros está llamado a compartir nuestra fe, hacer discípulos, y trabajar para difundir Su amor y compasión. ¿Qué nos motivará a hacer esto? Debemos tener la misma compasión que sintió Jesús cuando observaba a las multitudes. Si amamos a las personas como Él las ama, estaremos dispuestos a hacer lo que sea necesario para llevarles el mensaje de amor y perdón de Dios.

VAMOS MÁS **PROFUNDO**

1. Lee 2 Pedro 3:9. ¿Qué desea Dios para todas las personas?

2. Los primeros cristianos del libro de Hechos no permitieron que el miedo les impidiera compartir su fe. ¿Qué sucedió en Hechos 4:31 cuando fueron llenos del Espíritu Santo?

3. Lee los dos últimos versículos del libro de Hechos (Hechos 28:30–31). ¿Qué vemos haciendo a Pablo en esta última escena?

4. Lee Romanos 1:16. ¿Cuál debe ser nuestra actitud a propósito de hablar a otros de Jesús y de la salvación ?

5. Lee 2 Corintios 5:20. ¿Cómo describe el apóstol Pablo nuestro trabajo, y qué se supone que debemos decir cuando hablamos a los incrédulos acerca de Jesucristo?

6. Lee 2 Timoteo 1:7–8. El apóstol Pablo tiene algunas instrucciones aleccionadoras para su hijo espiritual Timoteo, instándolo a predicar el Evangelio sin temor. Si vamos a terminar la tarea de la evangelización mundial, ¿qué requerirá de nosotros?

HABLEMOS AL RESPECTO

Describe tu mayor temor cuando se trata de hablar a otros acerca de Jesús.

Versículo para memorizar

Porque no me avergüenzo del evangelio, pues es poder de Dios para salvación a todo aquel que cree, al judío primeramente y también al griego.

—ROMANOS 1:16

VAMOS AÚN MÁS PROFUNDO
Prepara tu corazón para ir

Cuando leas el libro de Hechos descubrirás que casi todo el ministerio de la iglesia primitiva tuvo lugar fuera de las reuniones cristianas. Por supuesto, los primeros discípulos se reunían para animarse, enseñar y tener compañerismo, pero su objetivo principal siempre fue alcanzar a las personas que no conocían a Jesús.

El cristianismo siempre se enfoca hacia afuera, no hacia adentro. Este también debería ser nuestro patrón. Nuestros corazones deben estar siempre listos para "ir"—ya sea que nuestra misión consista en predicar en un país extranjero o compartir a Jesús con nuestros vecinos de al lado—. Si quieres enfocarte en la cosecha que Jesús nos llama a alcanzar, haz lo siguiente.

Pide el poder del Espíritu Santo. El primer alcance en el libro de Hechos ocurrió inmediatamente después de que los discípulos fueran llenos del Espíritu Santo. El apóstol Pedro, que había negado a Jesús unas semanas antes, predicó con valentía en un lugar público y tres mil personas se convirtieron (Hechos 2:41). Puede que sientas temor de compartir tu fe, pero recibirás una confianza sobrenatural para hablar cuando seas bautizado en el Espíritu Santo. La falta de énfasis en el poder del Espíritu es la razón principal por la que los cristianos son tímidos cuando se trata de evangelizar.

Busca oportunidades. Pedro y Juan se dirigían al templo para adorar cuando vieron a un hombre cojo que necesitaba sanidad (Hechos 3:1–3). Oraron por él, y el milagro que siguió condujo a más conversiones. Tu mayor oportunidad puede estar en la esquina de la calle, afuera de la iglesia. Sintoniza tu oído con las puertas abiertas a tu alrededor.

Casi todos los encuentros ministeriales en el libro de Hechos tuvieron lugar fuera de los edificios religiosos. Muchas de las personas que estamos llamados a alcanzar nunca se acercarán a nuestras iglesias. Debemos llevar a Cristo al mercado a través de las iglesias en casa, los estudios bíblicos en el lugar de trabajo, los ministerios en los campus, las reuniones en la calle, y al ciberespacio, mediante la utilización de plataformas en línea.

Espera milagros. En la iglesia primitiva se producían milagros de sanidad en las calles después de que predicaban (Hechos 5:14–16). No tienes que ser un teólogo para compartir el Evangelio, simplemente ofrécete a orar por alguien, ¡y mira lo que sucede! Dios quiere usarte para sanar a los enfermos, consolar a los deprimidos, poner en libertad a los adictos, o proporcionar comida a una persona con dificultades económicas.

Disponte a visitar lugares apartados. Dios le dijo al evangelista Felipe que dejara las emocionantes reuniones de avivamiento en Samaria y fuera a un lugar remoto en un camino desierto (Hechos 8:26). Su obediencia condujo a la conversión del eunuco etíope, quien luego plantó el Evangelio en esa nación. Nunca minimices la importancia de las conversaciones "uno a uno". Las mayores sorpresas de Dios se encuentran a menudo en caminos desiertos, y a veces los momentos más estratégicos del ministerio convocan a un solo individuo espiritualmente desesperado.

Disponte a cruzar barreras culturales. Pedro no quería ir a la casa de Cornelio porque los judíos no visitaban las casas de los italianos. Pero cuando siguió la dirección del Espíritu Santo y entró en aquella casa llena de extranjeros, el Evangelio saltó el "cortafuegos" cultural y una nueva subcultura conoció a Jesús (Hechos 10:44–45). Cuando ores acerca de dónde realizar ese alcance, no dejes que las barreras raciales te limiten.

Ora por compasión. No hablarás con la gente sobre su necesidad de salvación si no te importan. David Brainerd fue un joven misionero que dio su vida para alcanzar a los nativos americanos en las colonias en el siglo XVIII. Él escribió: "No me importa a dónde voy, ni cómo vivo, ni lo que soporto con tal de salvar almas. Cuando duermo, sueño con ellas; cuando despierto, son lo primero en lo que pienso".[4] Pídele a Dios que te dé este tipo de amor por las personas que necesitan la salvación.

RUT

Dios la incluyó en Su plan

El personaje bíblico Rut pudo haberse catalogado con el rótulo "el que menos posibilidades tiene de triunfar", si es que tal competencia existiera. Vivía en Moab, una tierra desolada al sureste de Israel. Los moabitas eran considerados marginados por dos razones: (1) su nación provenía de una relación incestuosa entre un hombre llamado Lot y su hija; y (2) los moabitas se negaron a ayudar a los hebreos cuando estos intentaron entrar a la tierra prometida que Dios les dio. Debido a ello Dios decretó que por diez generaciones ningún moabita podría entrar en la asamblea de Dios para adorarlo.

Y, sin embargo, ¡hay un pequeño libro en la Biblia que lleva el nombre de Rut! Cuando nos la encontramos por primera vez, Rut está de luto, tras perder a su marido judío. Cuando Noemí, su suegra judía –también viuda–decide regresar a Israel desde Moab, Rut ruega poder acompañarla. Israel no era lugar para esta joven gentil, pero Rut tomó una decisión que marcó su vida; le dijo a Noemí: "Tu pueblo será mi pueblo, y tu Dios, mi Dios" (Rut 1:16). Aunque no era judía, quería seguir al Dios verdadero. Y Dios recompensó su fe.

Cuando Rut y Noemí llegaron a Belén, Dios extendió milagrosamente Su favor y misericordia a Rut. Conoció a un judío llamado Booz, que decidió casarse con ella, y tuvieron un bebé llamado Obed. Este niño creció para ser el abuelo del rey David, lo que significa que Rut se insertó en el linaje real de Israel. De hecho, su nombre aparece en la genealogía de Jesucristo, en el Evangelio de Mateo (1:5). La antigua historia de Rut fue una prefiguración de la hermosa misericordia de Cristo, quien hizo posible que los pecadores y marginados que no lo merecían disfrutaran de Su Salvación y bendiciones. Su vida nos recuerda las palabras de Pablo, que anunció a todos los gentiles en Efesios 2:13: "Pero ahora en Cristo Jesús, vosotros que antes estabais lejos habéis sido hechos cercanos por la sangre de Cristo".

LECCIÓN 27

Rompe todas las cadenas
¿Cómo liberarse del pasado?

"No estropea tu felicidad confesar tu pecado. La infelicidad está en no hacer la confesión".
—Charles H. Spurgeon (1834-1892)
PREDICADOR Y AUTOR BRITÁNICO

CUANDO JESÚS comenzó su ministerio en Israel, inmediatamente desafió a la gente a arrepentirse de sus pecados. Lo primero que se registra que Jesús dijo en el Evangelio de Marcos habla de arrepentimiento: "El tiempo se ha cumplido y el reino de Dios está cerca; arrepentíos y creed en el Evangelio" (Marcos 1:15). En Mateo, Jesús comenzó Su ministerio de predicación diciendo: "Arrepentíos, porque el reino de los cielos está cerca" (Mateo 4:17).

Después de que Jesús resucitara, Sus discípulos continuaron predicando un mensaje de arrepentimiento. Cuando Pedro se dirigió a la multitud el día de Pentecostés, le preguntaron: "¿Qué debemos hacer?", y él respondió: "Arrepentíos, y bautícese cada uno de vosotros en el nombre de Jesucristo para perdón de vuestros pecados; y recibiréis el don del Espíritu Santo" (Hechos 2:38).

Esta palabra *arrepentirse* es audaz y confrontadora. Significa no solo volverse a Dios, sino también alejarse del pecado luego de sentir remordimiento o tristeza. La palabra describe una poderosa decisión de cambiar de actitud y de corazón. Algunas personas han descrito el arrepentimiento como un giro de 180 grados para alejarse del pecado. Toda persona que sigue a Jesús sinceramente debe arrepentirse de su pasado, o su conversión no es genuina.

Hay ejemplos en la Biblia de personas que tuvieron conversiones dramáticas e inmediatamente abandonaron sus hábitos pecaminosos:

- Jesús visitó a un recaudador de impuestos llamado Zaqueo, que se había enriquecido robando dinero. Después de arrepentirse, le dijo a Jesús que iba a devolver cuatro veces lo que robó a la gente que había estafado (Lucas 19:1–10). Renunció radicalmente a su vida de avaricia y empezó a dar a los pobres. El ladrón egoísta se convirtió en un hombre generoso.

- Jesús contó la historia de un hijo díscolo que tomó la herencia de su padre y la malgastó viviendo inmoralmente. Pero después de "entrar en razón" (Lucas 15:17) el joven regresó a la casa de su padre y se disculpó. Por su arrepentimiento, hizo una clara ruptura con sus pecados pasados. El rebelde irrespetuoso se convirtió en un hijo honorable.

- Cuando encontramos por primera vez al apóstol Pablo en el libro de Hechos es un asesino y perseguidor de cristianos. Pero después de tener una visión de Jesús en el camino a Damasco, rompe con su pasado y se convierte él mismo en cristiano. Pablo comienza a ayudar a los cristianos en lugar de atacarlos.

- En la primera carta del apóstol Pablo a los corintios, menciona que gente de esta iglesia solía involucrarse con la adoración de ídolos, la fornicación, el adulterio, la homosexualidad, el robo, el abuso del alcohol y otros pecados. Pero luego dice que fueron "lavados" "santificados" y "justificados", —porque se habían arrepentido de sus obras (1 Corintios 6:11)—. Algunos de los peores pecadores de Corinto comenzaron a vivir como santos.

Algunas personas se transforman de la noche a la mañana cuando entregan sus vidas a Jesús. Tiran sus drogas o el licor por la ventana, piden perdón a las personas a las que han hecho daño, rompen relaciones malsanas, y dan un giro total. El proceso de cambio es más lento para otras personas. Mientras que el nuevo nacimiento es, de hecho, una experiencia instantánea, la salvación no lo es. No solo somos "salvados" en un momento emocional; estamos "siendo salvos" diariamente.

Cuando comenzaste tu viaje con Jesús, estoy seguro de que te arrepentiste de todos los pecados conocidos y pusiste tu fe en Jesús. El Espíritu Santo entró en tu corazón y experimentaste el milagro de la conversión. Pero si todavía luchas con algunos hábitos pecaminosos de tu pasado, no te desanimes. El mismo Dios que comenzó esta transformación en tu vida, la terminará.

Podemos ver ejemplificado este proceso en la historia de Lázaro, un hombre a quien Jesús resucitó de entre los muertos. Lázaro llevaba cuatro días muerto cuando Jesús llegó a verlo; su cuerpo ya había comenzado a apestar. Pero Jesús pidió a los presentes que movieran la piedra de la entrada de la tumba, y ordenó a Lázaro que saliera. Cuando Lázaro salió todavía estaba envuelto en sus vendas mortuarias como una momia.

En ese momento Jesús dijo a la gente que estaba cerca: "Desatadle y dejadle ir" (Juan 11:44). Así nos sucede a menudo. Con la ayuda de Dios somos capaces de arrepentirnos y poner nuestra confianza en Jesús, pero necesitamos a nuestros amigos cristianos, para que nos ayuden a desenvolvernos de todas las cosas que nos han atado.

Cuando las personas vienen a Cristo, llegan con toda clase de quebrantos.

Algunos son adictos a comportamientos o sustancias; otros se encuentran lisiados emocionalmente debido a su crianza; otros aún son atormentados por traumas de la infancia. Nuestro consejo "prefabricado" para ellos es: "Supéralo. Si eres cristiano no puedes luchar con esas cosas". Pero eso es insensible y poco realista a la vez.

Los cristianos pueden luchar con hábitos pecaminosos, y a veces pueden caer en la tentación, pero la buena noticia es que tenemos acceso a la asombrosa gracia de Dios para ayudarnos a vencer.

Cada vez que te arrepientes de un pecado, recibes una nueva gracia para ser libre del poder del pecado.

Tu viaje con Dios es una vida de arrepentimiento. El predicador británico Charles Spurgeon dijo: "El arrepentimiento sincero es continuo. Los creyentes se arrepienten hasta el día de su muerte".[1] No nos arrepentimos una sola vez cuando decidimos ser creyentes en Jesús. Podemos arrepentirnos varias veces cuando el Espíritu Santo nos convenza de malas actitudes, comportamientos equivocados o palabras poco amables. A medida que aprendemos a rendir nuestros deseos carnales a Dios, Él nos libera de todas nuestras cadenas.

VAMOS MÁS **PROFUNDO**

1. El arrepentimiento es llamado un "regalo" de Dios en el Nuevo Testamento. Según Romanos 2:4, qué es lo que nos lleva al verdadero arrepentimiento?

2. ¿Cómo nos llama Dios a vivir en 1 Pedro 1:15–16?

3. Lee 2 Corintios 7:1. ¿Qué debemos hacer para perfeccionar la santidad en nuestras vidas?

Cuando escuchas la palabra *santidad,* puede que te venga a la mente cierto código de vestimenta o peinado, o alguien religioso y santurrón. Pero la santidad no consiste en actuar con superioridad espiritual. Santidad significa, literalmente, ser apartado para el uso de Dios. Podemos "perfeccionar la santidad" en nuestras vidas al abstenernos del pecado y entregar constantemente nuestros corazones, motivos, actitudes y acciones a Dios. En última instancia, sin embargo, no podemos ser verdaderamente santos sin la misericordia y la gracia de Dios.

4. Lee Salmos 139:23–24. ¿Cómo debemos orar si queremos vidas santas?

____

____

5. Lee Romanos 12:1–2. ¿Qué debemos hacer para agradar a Dios?

____

____

6. ¿Qué pasa cuando confesamos nuestros pecados según 1 Juan 1:9?

____

____

7. El pasaje anterior en 1 Juan 1:9 explica la confesión personal del pecado. Puedes confesar tus pecados directamente a Dios y experimentar el perdón y la limpieza. Pero en Santiago 5:16 se menciona un tipo diferente de confesión. ¿Qué nos dice Dios que hagamos en este pasaje y que sucederá como resultado?

HABLEMOS AL RESPECTO

¿Te ha liberado el Señor de algún hábito pecaminoso? Cuéntales a los demás en tu grupo cómo sucedió.

Versículo para memorizar

Si confesamos nuestros pecados, Él es fiel y justo para perdonar nuestros pecados y limpiarnos de toda maldad.

—1 JUAN 1:9

VAMOS AÚN MÁS PROFUNDO

Libertad mediante la confesión del pecado

Podemos llevar nuestros pecados directamente a Jesús y experimentar el perdón. Pero la confesión a los demás también es muy importante. Cuando admitimos nuestros fracasos o pecados ante un hermano o hermana en Cristo, debemos tragarnos nuestro orgullo. Confesar nuestros pecados de esta manera pone un hacha en la raíz de dichos pecados y libera sanidad espiritual.

Si nunca lo has hecho, es una buena idea programar una cita con un mentor, pastor, o amigo cristiano maduro y confesar tus pecados pasados. No hagas esto para avergonzarte a ti mismo, sino para liberarte por completo de la vergüenza. Santiago 4:6 dice que Dios "da gracia a los humildes". Abrir tu corazón en una confesión transparente es un ejercicio saludable que desatará una mayor gracia para que puedas superar los hábitos pecaminosos.

Cuando abras tu corazón de esta manera, puedes usar la siguiente lista de verificación para confesar cualquier patrón de hábitos pecaminosos o experiencias traumáticas de tu pasado.

Falta de perdón. No podemos experimentar el verdadero perdón de Jesús si guardamos resentimiento en nuestro corazón hacia los demás. La amargura es como el ácido. Corroerá nuestras almas hasta que perdonemos a quienes nos hirieron. Confiésalo abiertamente si guardas algún rencor.

Miedo y ansiedad. Todo el mundo tiene miedos naturales. Es normal tener miedo a las serpientes o arañas, por ejemplo, por lo que nos mantendremos alejados de ellas. Pero otros miedos son antinaturales. Muchas personas han quedado traumatizadas por experiencias pasadas, como abuso sexual, acoso escolar, pobreza, rupturas familiares, violaciones, accidentes, o la guerra. El Espíritu Santo puede traer paz sobrenatural a nuestras mentes atribuladas y liberarnos de las cadenas del estrés postraumático.

Inmoralidad sexual. Mientras que la sociedad actual dice que el "sexo libre" es totalmente aceptable, el daño psicológico y espiritual causado por la fornicación, el aborto, la homosexualidad, el adulterio y la pornografía es real. Las cadenas del pecado sexual son fuertes, pero Jesús puede romperlas cuando confesamos nuestros pecados y elegimos la pureza. Puede que necesites confesar tu historia sexual para darte cuenta de que has sido perdonado.

Participación en ocultismo. Involucrarse en cualquier forma de brujería (sesiones de espiritismo, adivinación, adoración de ídolos, horóscopos, prácticas nuevaeristas, o pactos satánicos) abrirá las puertas de nuestros espíritus a la influencia demoníaca. Estas cadenas solo pueden ser rotas por el poder de Jesús cuando confesamos nuestra participación en el ocultismo.

Depresión y dolor. Es normal llorar una pérdida, pero a veces podemos obsesionarnos con una experiencia negativa y sufrir de un espíritu angustiado. La depresión puede conducir al odio hacia uno mismo, a trastornos alimenticios, a cortarse, e incluso al suicidio. No obstante, Jesús ofrece una vida abundante y un gozo sostenible. Debemos hablar abiertamente de nuestro dolor y recibir oración por sanidad.

Adicción. La gente suele consumir alcohol, nicotina, drogas ilegales, o medicamentos recetados para adormecer su dolor emocional. Sin embargo, el Espíritu Santo puede ir a la raíz de nuestro quebrantamiento y sanar nuestras almas. Si estás esclavizado por un hábito dañino, confiésalo y libérate de las cadenas.

Heridas del padre o de la madre. Muchas personas luchan a través de la vida porque sus propios padres brillaron por su ausencia, eran distantes, críticos, abusivos, o adictos al alcohol o a las drogas. Debido a que la relación con los padres es tan fundamental, estas heridas pueden afectar nuestro ser hasta lo más profundo. Es liberador cuando podemos abrir nuestros corazones y recibir oración por este dolor. Deja que el amor del Padre celestial te sane.

ESTEBAN

El primer mártir de la Iglesia

Antes de la ejecución de Jesús, Él dijo a Sus seguidores que serían perseguidos por su fe. En Mateo 24:9 Jesús advirtió: "Entonces os entregarán a la tribulación, y os matarán, y seréis aborrecidos de todas las naciones por causa de mi nombre". Aunque los cristianos llevan el Evangelio de esperanza y salvación, Satanás odia este mensaje vivificante, y hará cualquier cosa para obstaculizarlo. Por eso tantos cristianos han muerto mientras defendían su fe. Honramos a Esteban como el primer mártir del Nuevo Testamento.

Esteban era un ferviente predicador que formaba parte de la iglesia cristiana original de Jerusalén. Era conocido como un "judío helenista" (un griego que seguía la fe judía). Conocía tan bien las Escrituras que podía citar muchos pasajes del Antiguo Testamento. En un poderoso sermón que predicó en Jerusalén, registrado en Hechos 7, mencionó a Abraham, Isaac, Jacob, José, Moisés, David y Salomón mientras trataba de convencer a los judíos incrédulos de que Jesús es el Hijo de Dios.

Lucas, el autor del libro de Hechos, no dice si alguien tomó la decisión de seguir a Jesús debido al valiente sermón de Esteban. De hecho, ¡Esteban ni siquiera llegó a terminarlo!! La enfurecida multitud se desquició. No querían oír hablar de su pecado. La turba persiguió a Esteban fuera de la ciudad y lo apedrearon, como si pudieran borrar su mensaje matándolo.

La muerte de Esteban fue trágica, pero no detuvo el crecimiento de la iglesia primitiva. Su martirio no solo dispersó a los discípulos por todas las regiones de Judea (extendiendo así el Evangelio a nuevos territorios), sino que un fariseo enfadado llamado Saulo escuchó aquel día las penetrantes palabras de Esteban. Sin duda el sermón lo perturbó. Saulo quería erradicar el cristianismo, pero cuando se dirigía a Siria para matar a más cristianos tuvo una visión de Jesús y experimentó una dramática conversión. Finalmente Saulo llegó a ser conocido como el apóstol Pablo, y continuó predicando el mensaje que Esteban murió defendiendo. La persecución no puede detener el Evangelio.

LECCIÓN 28

Escuchando la voz de Dios

¿Como Dios nos guía en forma sobrenatural?

¿CÓMO TOMAS tus decisiones personales? Algunos confían en su propio criterio. Otros leen libros de autoayuda, escuchan podcasts, o recogen opiniones de sus amigos acerca de las decisiones que deben tomar. Y hay personas que leen los horóscopos, visitan quirománticos, o llaman a líneas psíquicas en busca de orientación personal.

Pero si eres cristiano, la Biblia dice que confiar en tu propio conocimiento limitado, o buscar la guía del ocultismo, no resultará en bendición. Como un buen padre, Dios quiere guiarnos para que tomemos las decisiones correctas. Como un pastor compasivo, quiere llevarnos a pastos tranquilos y anhela protegernos del peligro.

Uno de los atributos más asombrosos de Dios es Su voluntad de comunicarse. Él no se queda callado. Le encanta hablar con Su pueblo. Tan pronto como creó a Adán y Eva al principio de los tiempos, los bendijo y les dio instrucciones. Dios habló con Abraham, Isaac y Jacob. Les dio mensajes detallados a Moisés, Elías, y muchos otros profetas.

En los tiempos del Antiguo Testamento el Espíritu Santo no moraba dentro de la gente como lo hace hoy. Por eso Dios habló a las personas de maneras diversas e inusuales:

- Después de que Job orara largamente, Dios le habló y le reveló Su poder y sabiduría. La respuesta de Job fue arrepentirse de su orgullo: "De oídas he escuchado hablar de ti; pero ahora mis ojos te ven" (Job 42:5).

- Se apareció a Moisés en una zarza ardiente en el desierto, y Dios pronunció su nombre cuando Moisés se acercó al fuego (Éxodo 3:4).

- El ángel del Señor se apareció a Josué para recordarle que Dios estaba con el pueblo de Israel cuando entraron a la tierra prometida. Josué se postró sobre su rostro al escuchar el mensaje (Josué 5:13–15).

- En una época en que las palabras de Dios eran escasas, el Señor llamó por su nombre en forma audible al niño Samuel, y este dijo: "Aquí estoy" (1 Samuel 3:1–4). Samuel creció y se convirtió en un poderoso profeta que llevó el mensaje de Dios a muchas personas.

- Isaías tuvo una visión de Jesús en el trono del cielo, y el Señor encargó al joven profeta confrontar los pecados de Israel (Isaías 6:9–13).

La gente del Antiguo Testamento experimentó visiones de Dios, escuchó Su voz audible, recibió mensajes de ángeles, o escuchó hablar a Dios a través de profetas. Dios todavía puede hablar de todas esas maneras, pero algo monumental ocurrió después de que Jesús murió y resucitó de entre los muertos. Él nos dio el Espíritu Santo, y prometió que el Espíritu nos guiaría y dirigiría:

Pero cuando venga el Espíritu de verdad, Él os guiará a toda la verdad; porque no hablará por su propia iniciativa, sino que todo lo que oiga, eso hablará, y os hará saber lo que ha de venir.

—JUAN 16:13

Antes de la invención de la tecnología digital, las personas que viajaban en auto tenían que utilizar mapas de papel para llegar a su destino. Estos mapas eran bastante precisos si estaban actualizados, pero no era fácil mirar un mapa de papel mientras se conducía. Tras la invención de los teléfonos inteligentes, la tecnología de navegación global se volvió común. Hoy en día, las personas pueden escuchar una voz digital que les dice donde girar, cuánto tiempo deben permanecer en una determinada carretera y hasta qué camino evitar por los accidentes.

El Espíritu Santo es muy parecido a un dispositivo GPS, ¡excepto que Él nunca comete errores y jamás te llevaría accidentalmente a la dirección equivocada! Si eres un cristiano nacido de nuevo, has sido bendecido con el mejor sistema de navegación jamás imaginado. El Espíritu Santo nos convence cuando pecamos, nos advierte del peligro, nos guía cuando afrontamos decisiones, nos consuela cuando estamos desanimados, nos da sabiduría cuando estamos confundidos, y nos conecta con las personas que necesitamos conocer.

No obstante, muchos cristianos forcejean a la hora de ser orientados. Cuando oran, se esfuerzan por escuchar algo. Saben que Dios habla pero, o no creen que Dios quiera hablarles, o no quieren obedecer lo que Él dice. Muchos creyentes nunca han conocido lo bello y conmovedor que es escuchar la dulce voz de Dios en su espíritu.

Hay cristianos que enseñan que Dios no le habla a la gente de manera personal. Ellos creen que la única guía que necesitas viene de la Biblia. Es una doctrina extraña, considerando que las frases "Y Dios dijo…" o "la palabra del Señor vino a… [fulano de tal]" aparecen más de dos mil veces solo en el Antiguo Testamento. Actualmente hay cuatro formas fundamentales en las que Dios se comunica con nosotros:

1. Puedes escuchar la voz de Dios leyendo la Biblia. Dios inspiró a cuarenta autores durante un período de mil seiscientos años para compilar la Biblia, y se tomó muchas molestias para darnos Su libro. Sin embargo, hoy las Biblias acumulan polvo porque la gente está demasiado ocupada para leer la carta de amor personalizada que Dios nos envió. Cuando lees las Escrituras con un corazón en actitud de oración, Dios puede hacer que un versículo salte de la página como un mensaje directo para ti. Es el Espíritu

Santo "señalando" lo que aplica a tu situación. Espera que Él te hable directamente desde las Escrituras.

2. Puedes escuchar la voz de Dios a través de la inspiración del Espíritu Santo. El Espíritu de Dios no es una presencia espeluznante que solo da vueltas a nuestro alrededor. Él vive en cada cristiano nacido de nuevo, y nos habla activamente. Puede hacerlo de muchas maneras: por medio de sueños, visiones, un sentido de convicción o —más a menudo— a través de Su "voz apacible y delicada" (1 Reyes 19:12, MEV).

El Espíritu Santo puede darte sueños y visiones proféticas, pero la forma más común en que Él habla es a través de un profundo sentido de "conocimiento interior". Esto es, más bien, una impresión mental profunda. Por lo general llega en un momento dado, para que sepas que no salió de ti.

La habilidad de escuchar la voz del Espíritu se desarrolla a lo largo de los años, mientras crecemos en Cristo. Si realmente quieres escucharlo, pídele a Dios que te llene de Su Espíritu (consulta la lección 17 de este estudio). A medida que permitas más de la presencia y el poder del Espíritu Santo en tu vida, dejarás a un lado tus agendas egoístas y hábitos pecaminosos para que Dios pueda comunicarse sin obstáculos.

3. Puedes escuchar la voz de Dios a través de las personas. Somos miembros de Su cuerpo, la Iglesia, y escucharás mejor a Dios cuando estés en comunión con Su pueblo. Dios puede hablarte a través del sermón de un pastor, el consejo sabio de un amigo, la reprensión de una madre, la llamada telefónica de un mentor, o una palabra profética dada por uno de los siervos de Dios lleno del Espíritu. Si vives totalmente aislado, probablemente no escuches mucho de Dios.

Dios también usa el don de profecía, pero nunca debes perseguir las profecías. Algunos cristianos viajarán por todo el país para asistir a una conferencia profética con el fin de obtener una palabra de Dios, aunque no leyeran la Biblia en meses ni se sentaran lo suficiente para escuchar de Dios por sí mismos. Nunca trates el don santo de la profecía como si fuera adivinación. Cuando Dios necesite hablarte de esta manera, te enviará a Sus fieles mensajeros en el momento exacto en que lo necesites.

4. Puedes escuchar la voz de Dios a través de las circunstancias. Dios es soberano, lo que significa que, en última instancia, Él tiene el control de tu vida y del mundo en que vivimos. Él abre puertas que ningún hombre puede cerrar. Si has estado orando para conseguir trabajo en una empresa y de repente recibes la oferta de una empresa diferente, esta puede ser una señal de Dios de que Él tiene un mejor lugar de trabajo para ti.

Si has estado orando por sabiduría, Él puede enviar a tu vida a alguien que sepa lo que necesitas saber. Si algo negativo sucede en tu vida, incluso una tragedia, ten en cuenta que Dios puede usar aun los desafíos difíciles para dirigirnos. Romanos 8:28 promete: "Y sabemos que Dios hace que todas las cosas cooperen para bien de los que le aman, de los que son llamados conforme a Su propósito".

Escucha y observa con atención. Sintoniza Su frecuencia. Permanece dispuesto a obedecerle. Él promete guiar tus pasos.

VAMOS MÁS **PROFUNDO**

1. Dios se describe a sí mismo como un buen pastor en el salmo 23. Lee el salmo completo. ¿Qué promete Dios hacer por nosotros en los versículos 2 y 3?

____

2. Lee Salmos 32:8–9. ¿Qué tipo de actitud debemos tener si queremos la guía y el consejo de Dios?

____

____

3. Lee Proverbios 3:5–6 en la Nueva Traducción Viviente. ¿Cuáles son las tres cosas que debemos hacer si queremos una guía clara?

4. Lee 1 Crónicas 10:13. ¿Por qué fue infiel el rey Saúl y qué error cometió al buscar orientación?

5. Lee Santiago 1:5–6. ¿Qué debemos hacer si carecemos de sabiduría?

HABLEMOS AL RESPECTO

Relata una ocasión en la que hayas sentido que Dios te dio una guía personal a través de una impresión del Espíritu Santo.

Versículo para memorizar

*Yo te instruiré y te enseñaré el camino en que debes andar;
te aconsejaré con mi mirada amorosa sobre ti.*

—SALMOS 32:8, NVI

SARA

La madre de nuestra fe

En la antigüedad las mujeres sufrían una marginación y un maltrato inimaginables —y las mujeres estériles aún más porque el valor de una mujer se basaba en su fertilidad—. Sin embargo, cuando nos encontramos a Sarai por primera vez en la Biblia, Génesis 11:30 dice: "Sarai era estéril; no tenía hijos". En aquella época una mujer habría sido avergonzada o culpada de ser infértil. Pero Dios tenía grandes planes para Sarai, aunque a ella le costara creer en Su promesa.

Dios le dijo a Abram, esposo de Sarai, que se convertiría en padre de naciones. ¡Pero Abram no podía hacer ese trabajo solo! Del mismo modo que Dios necesitó un hombre, Adán, y una mujer, Eva, para poblar el mundo, eligió un hombre y una mujer para comenzar Su santa nación de Israel. Aunque las mujeres han sido maltratadas y marginadas durante siglos, Dios siempre ha tenido la intención de utilizar tanto a hombres como a mujeres para establecer Su reino en la tierra. Cuando una mujer encuentra a Dios y pone su confianza en Él, asimismo Dios puede usarla de maneras profundas.

El Señor cambió el nombre de Abram por Abraham, que significa "padre de naciones" y cambió el de Sarai por Sara, que significa "mi princesa". Denota este último una autoridad real, que se confirma en Génesis 17:16 cuando Dios dice de ella: "Será madre de naciones". Sara se rio la primera vez que oyó que Dios le daría un hijo en su vejez. Pero ocurrió un milagro: a los noventa años dio a luz a Isaac. Hebreos 11:11 dice que Sara "recibió la capacidad de concebir, aún más allá del tiempo propio de la vida, ya que consideraba fiel a Aquel que lo había prometido". A pesar de sus muchas dudas y de los numerosos obstáculos en su difícil viaje, Sara se convirtió en un modelo de fe firme para todos los que siguen al Dios verdadero.

Hombre y mujer los hizo
El plan de Dios para el matrimonio y la familia

"A Dios le importa con quién nos acostamos porque le importan profundamente las personas que se acuestan con nosotros. Le importa porque el sexo fue idea Suya, no nuestra. Le importa porque el mal uso del sexo puede infligir un profundo daño. Le importa porque nos considera dignos de Su cuidado".
—SAM ALLBERRY (1975-)
Pastor y autor de *¿Por qué a Dios le importa con quién me acuesto?*

CUANDO COMENZÓ la cristiandad, en el siglo primero, el Imperio romano estaba en su apogeo. Inmediatamente se produjo un choque cultural, no solo porque los cristianos se negaron a adorar a los emperadores romanos, sino también porque la moral cristiana distaba mucho del comportamiento de los romanos. Observa cómo era la vida en la oscuridad moral de la antigua Roma:

- Los hombres eran considerados dominantes, y las mujeres tenían muy pocos derechos. La mayoría de las mujeres se casaban en los primeros años de la adolescencia para poder tener tantos hijos como fuera posible; no se las valoraba más allá de su capacidad de procrear.

- El matrimonio era común, pero se esperaba que los hombres fueran promiscuos fuera de sus relaciones matrimoniales, mientras que de las mujeres se esperaba que permanecieran fieles a sus maridos.

- La homosexualidad era común, y los hombres consideraban "varonil" tener relaciones sexuales con otros hombres, e incluso con niños, siempre que fueran las parejas dominantes en la relación. En realidad el sexo consistía en demostrar la dominación.

- Como los hombres apreciaban la idea de la superioridad masculina, se aceptaba la violación y con frecuencia los esclavos eran abusados sexualmente. La prostitución también era legal. Había pocas leyes para proteger a los niños, los esclavos u otras personas del abuso sexual.

- El emperador Nerón (quien gobernó durante los días de los viajes del apóstol Pablo) era un desviado sexual y asesino que celebraba el incesto. Se casó con un hombre y acostumbraba organizar orgías y festines con borracheras en su palacio.[1]

Este trasfondo histórico nos ayuda a comprender por qué el concepto cristiano de la familia, el matrimonio y la integridad sexual estaba en desacuerdo con la cultura predominante de la época. Cuando el Evangelio comenzó a extenderse a las naciones gentiles, la idea cristiana de pureza o fidelidad sexual era un concepto extraño. Sin embargo, mientras los primeros discípulos predicaban sobre la salvación de Jesús, también enseñaron a griegos, romanos, árabes, y gente de muchas otras naciones que Dios tenía un nuevo y revolucionario código de comportamiento sexual.

El apóstol Pablo escribió cartas a estos gentiles en lugares como Roma(en Italia); Corinto, Filipos y Tesalónica (en Grecia); y Éfeso (un cuartel general de idolatría inmoral en lo que ahora es Turquía). En cada uno de estos lugares, una visión pagana de la sexualidad era la norma. Eso significa que la gente practicaba como algo común el adulterio, la fornicación (sexo por fuera del matrimonio), la violación, el incesto, el sexo grupal, la homosexualidad, la pedofilia y la prostitución ritual.

¿Te imaginas lo desafiante que fue para los cristianos del primer siglo enseñar a los conversos toda una forma completamente nueva de ver el sexo? Bueno, eso es exactamente lo que hizo el apóstol Pablo cuando escribió a los romanos. Les dijo:

La noche está a punto de terminar, y el día se acerca. Por lo tanto, dejemos a un lado las obras de las tinieblas, y vistámonos con la armas de la luz. Comportémonos apropiadamente, como si fuera de día, no en juergas y borracheras, no en promiscuidad sexual y sensualidad, no en contiendas y envidias.

—ROMANOS 13:12–13

En casi todas las cartas que Pablo escribió a las primeras iglesias hizo un llamamiento a la pureza sexual y pidió a sus nuevos discípulos que se abstuvieran de las viejas prácticas inmorales. Pablo enseñó que cuando un hombre o una mujer encuentran a Cristo se convierten en una nueva criatura (2 Corintios 5:17). Pablo llamó a los seguidores de Jesús a dejar de lado las viejas conductas y adoptar la sexualidad del reino de Cristo. No les dejó ningún lugar a concesiones en esta área. Esto significaba:

Debemos ser fieles a una sola pareja sexual. El Nuevo Testamento afirma lo que el Antiguo Testamento enseñó siglos atrás, que el plan de Dios para el matrimonio es *un hombre y una mujer*. Ello se revela en la relación entre Adán y Eva en el primer capítulo de Génesis. La Biblia enseña que debemos encontrar una pareja matrimonial y disfrutar de una relación sexual comprometida con ese cónyuge, en lugar de participar en encuentros interminables con varias personas. Esta idea revolucionaria de la monogamia exige respeto mutuo, confianza, fidelidad y amor desinteresado. El matrimonio también crea un entorno seguro y estable para criar a los hijos.

Los hombres deben respetar y querer a sus esposas, no dominarlas. Pablo llamó a los hombres a tratar a sus esposas como iguales, lo cual se opone diametralmente a los conceptos romanos de crueldad y dominación masculina. El Nuevo Testamento también aclara que Dios no aprueba la poligamia, aunque fuera común en el primer siglo. La práctica de tener varias esposas minimiza y degrada a la mujer; la monogamia permite a marido y mujer disfrutar de igualdad e intimidad.

Dios creó dos géneros. El Dios verdadero creó al hombre y a la mujer porque ambos géneros juntos relejan Su imagen. La gloria plena de Dios no es evidente solo a través del hombre o la mujer. Ambos son necesarios. Por eso Génesis 1:27 dice: "Así que Dios creó a los seres humanos a su propia imagen. A imagen de Dios los creó; hombre y mujer los creó" (NTV). La Biblia no enseña que el género sea flexible o cambiante. Y el apóstol Pablo enseñó que es pecado que los hombres sean "afeminados" una palabra utilizada en 1 Corintios 6:9 que implica torcer o pervertir el género fijo.

Dios no aprueba el sexo fuera del matrimonio. Para protegernos, Dios trazó límites amorosos en torno a nuestra sexualidad. En el Antiguo y el Nuevo Testamento Dios prohíbe la fornicación (sexo entre personas no casadas), el adulterio (cuando una persona casada sostiene relaciones sexuales con alguien que no es su pareja), la homosexualidad, el incesto, el bestialismo, la perversión sexual y la violación. Dios no nos dio estas directrices para negarnos el placer; hay placer en abundancia en el sexo conyugal. Pero si ponemos nuestra búsqueda de placer sexual por encima de nuestro deseo de amar y agradar a Dios, terminamos separándonos de Él.

Nuestra cultura actual y la de la antigua Roma no son, en realidad, muy diferentes. Muchas personas solteras viven juntas y consideran anticuado el matrimonio. El divorcio es común (y en algunos casos no se consigue evitar debido al adulterio, abuso, u otros comportamientos pecaminosos). Se acepta y celebra el matrimonio entre personas del mismo sexo, así como cualquier otra forma de comportamiento homosexual. La pornografía de todos los géneros amplía su alcance y disponibilidad. El tráfico de seres humanos es una industria multimillonaria porque existe un apetito mundial por la prostitución.[2] Y cada vez más, las personas toman la decisión de identificarse con un género diferente, o incluso someterse a cirujías o inyectarse hormonas para alterar sus características de género.

Como cristianos no podemos cambiar la visión bíblica de la sexualidad para acomodarla a los comportamientos de la gente. La Palabra de Dios no puede reescribirse para ajustarse a las tendencias culturales. Sin embargo, debemos mostrar amor y amabilidad a todas las personas, independientemente de si son homosexuales, bisexuales, transgénero,o viven con alguien por fuera del matrimonio. Nuestro trabajo no es juzgar o avergonzar a las personas sino invitarlas a tener una relación con Jesús. Cuando comiencen una relación con el Señor, Él los cambiará por dentro y les dará el poder para ser sexualmente puros.

VAMOS MÁS **PROFUNDO**

1. ¿Qué dice Dios sobre el matrimonio en Hebreos 13:4?

2. Lee 1 Corintios 6:9–11. Enumera los diez tipos de personas que no heredarán el reino de Dios.

3. Aunque estas personas merecían el juicio de Dios, ¿qué les sucedió en el versículo 11?

4. Lee 1 Corintios 6:18. ¿Cómo debemos responder cuando enfrentamos la tentación de cometer inmoralidad?

5. Según 1 Corintios 6:18, ¿por qué es importante resistir el pecado sexual?

6. Lee 1 Tesalonicenses 4:3. ¿Cuál es la voluntad de Dios para nuestras vidas?

7. Lee 1 Tesalonicenses 4:4–8. ¿Con qué propósito nos ha llamado Dios?

8. Lee Gálatas 5:24. ¿Qué dice Pablo que debemos hacer con nuestras pasiones lujuriosas? ¿Cómo llevamos esto a la práctica?

HABLEMOS AL RESPECTO

A menudo se acusa a los cristianos de "incitar al odio" si no estamos de acuerdo con las elecciones de alguien en relación con su vida sexual. ¿Cómo responderías si te acusan de "odiar" porque tienes una visión bíblica de la sexualidad?

Versículo para memorizar

Huye de las pasiones juveniles y sigue la justicia, la fe, el amor y la paz, con los que invocan al Señor desde un corazón puro.

—2 TIMOTEO 2:22

TITO

Un apóstol de la nueva generación

No sabemos cuándo ni dónde Tito se convirtió en cristiano, pero sabemos que el apóstol Pablo guio este griego a la fe y lo consideró un hijo espiritual. Pablo se refiere a Tito como "mi verdadero hijo en la común fe" en la breve epístola que lleva su nombre (Tito 1:4). Pero Pablo también se refirió a Tito como "mi compañero y colaborador" en 2 Corintios 8:23. Tito debe haber crecido tan rápido espiritualmente —y mostrando tal fidelidad y fortaleza de carácter— que Pablo lo trajo a su círculo íntimo y confió en él para llevar a cabo su trabajo.

Pablo no podía estar en todas partes. Necesitaba líderes que pudieran manejar los duros retos de plantar la semilla del Evangelio en nuevos territorios. Finalmente, Pablo le encargó a Tito que supervisara las iglesias que se habían plantado en Creta, una isla frente a la costa sur de Grecia. Al igual que Timoteo, Silas, Epafras y otros, Tito formaba parte de una nueva generación de jóvenes líderes que estaban equipados para llevar la antorcha después de que pioneros como Pablo, Pedro y Juan terminaran su carrera.

Tito también representó el futuro multicultural de la iglesia del Nuevo Testamento. Los primeros cristianos eran judíos, pero Pablo recordaba continuamente a los líderes judeo-cristianos que el Evangelio no era solo para los judíos. Tito era una prueba fehaciente de ello. Cuando Pablo llevó a Tito a Jerusalén, algunos legalistas rígidos querían forzar a Tito a circuncidarse para cumplir con reglas judías que resultaban obsoletas (véase Gálatas 2:1-3). Pero Pablo reprendió a estos hombres por anteponer los rituales del antiguo pacto a la gracia que recibimos en Jesucristo.

Pablo usó a Tito como un vívido recordatorio de que el Espíritu Santo quiere alcanzar personas de todos los orígenes étnicos. La última vez que escuchamos hablar acerca de Tito, en la segunda carta de Pablo a Timoteo, se encontraba predicando el Evangelio en Dalmacia, que forma parte de la actual Croacia. Si los jóvenes cristianos reciben la orientación adecuada, romperán barreras y extenderán el reino de Cristo de maneras sorprendentes.

LECCIÓN 30

Bendecidos para multiplicar
¿Cómo convertirse en un hacedor de discípulos?

"Jesús nos dijo que hiciéramos algo más que conseguir conversiones. Nos dijo que hiciéramos discípulos".
—LEROY EIMS (1925-2004)
AUTOR QUE SIRVIÓ CON LOS NAVEGANTES POR MÁS DE CINCUENTA AÑOS

CUANDO JESÚS comenzó Su ministerio no alquiló un coliseo para una campaña evangelística ni colocó vallas publicitarias por toda Jerusalén anunciando su ministerio de sanidad. A veces predicó a las multitudes, pero lo primero que hizo fue reunir a un grupo de seguidores cercanos. Fueron llamados "discípulos", que significa "enseñados".

Marcos 3:14 dice que Jesús designó a sus doce discípulos "para que estuvieran con Él y para enviarlos a predicar". Nota que Su relación con ellos no se restringía a la obra. No estaba simplemente reclutando seguidores para realizar una tarea. Primero quiso tener compañerismo con ellos; luego les permitió predicar lo que aprendieron de Él.

Este fue el método ministerial de Jesús. No se centró en la cantidad. Él quería calidad, así que hizo de los pocos Su prioridad. Comía con ellos, vivía con ellos, y recorría con ellos los polvorientos caminos de Galilea. Incluso cuando hizo reuniones masivas, utilizaba estos encuentros para instruir a los discípulos, de modo que un día predicaran como Él.

Durante tres años y medio Jesús invirtió en Sus seguidores más cercanos de una manera profundamente personal, no como instructor en un sentido clínico, sino como un amigo. Jesús no produjo legiones de seguidores en masa. Esculpió unos cuantos a mano, y estos se convirtieron en los pilares de la iglesia primitiva.

Jesús no fue el primer personaje de la Biblia en modelar este método de discipulado personal. En el Antiguo Testamento Moisés formó a Josué para que fuera su sucesor, Noemí enseñó a Rut a seguir al Dios verdadero y Elías enseñó a Eliseo y le dio una doble porción de su poder. Hubo una larga tradición de mentores en la cultura hebrea.

Además de instruir a Sus doce discípulos varones, Jesús también fue mentor de un grupo de mujeres que llegaron a contarse entre sus testigos más valientes. Luego, cuando llegó el momento de dejar esta tierra, Jesús encargó al pequeño grupo de personas que había entrenado que hicieran lo que Él hizo. Justo antes de ascender al cielo les dijo: "Id pues y haced discípulos a todas las naciones" (Mateo 28:19).

Nota que Jesús no dijo: "Vayan, pues, y hagan a conversos"; "Vayan , pues y reúnan multitudes"; o "Vayan, pues, y construyan iglesias" —aunque esas cosas no están mal—. Su mandato fue muy específico. Jesús quiere que Sus discípulos se multipliquen.

Los discípulos de Jesús tomaron en serio este mandato. Cada uno de ellos invirtió personalmente en la formación de otros, y este proceso desencadenó un crecimiento exponencial en la iglesia primitiva. Cuando un cristiano entrena personalmente a otro convertido, y ese convertido se convierte en un creyente fuerte, entonces tienes dos creyentes fuertes. Esos dos hacen cuatro discípulos; luego cuatro hacen ocho. Ocho creyentes fuertes producen dieciséis. Y el proceso continúa hasta que hay millones.

Hacer discípulos también fue el enfoque principal del apóstol Pablo. El libro de Hechos describe la situación en que Pablo conoció a su discípulo Timoteo (Hechos 16:1–3) y cómo éste acabó siendo nombrado líder apostólico en Éfeso. Pablo invirtió su vida en este joven, y estaba tan orgulloso de él que dijo a los filipenses: "No tengo a nadie más de espíritu afín que se interese genuinamente por vuestro bienestar" (Filipenses 2:20). Pablo se dedicó a tal punto a Timoteo que este se convirtió en una versión más joven de su mentor, solo que con su propia personalidad y fortaleza espiritual.

Este principio sencillo pero profundo fue mejor explicado por Pablo cuando encargó a Timoteo que predicara el Evangelio. Pablo dijo:

Lo que has oído de mí en presencia de muchos testigos, esto encarga a hombres fieles, que sean idóneos para enseñar también a otros.

—2 Timoteo 2:2

Esto es lo que algunos llaman "El Principio 222". Dios puede hacer un poderoso milagro cuando un cristiano discipula a otra persona. Pablo le dijo a Timoteo que concentrara su atención en unos pocos seguidores fieles; cuando esas personas se convirtieran en discípulos maduros, entonces serían capaces de discipular a otros. Aunque este proceso puede parecer lento y tedioso al principio, ¡imagina cuántas personas podrían ser discipuladas en cuarenta años! Lo que empieza siendo pequeño, acaba explotando.

El anterior mandato a Timoteo también es para ti. El discipulado no es solo un trabajo para pastores a tiempo completo o evangelistas itinerantes. Todo cristiano está llamado a reproducirse espiritualmente. La descripción del trabajo de un hacedor de discípulos es simple:

- **Identifica** las personas para las que estás llamado a ser mentor. Puede que te pidan que las discipules, o puede que el Espíritu Santo te guíe a invitar a alguien a un estudio bíblico o a un grupo pequeño. Deja que Dios te muestre las personas con las que debes pasar tiempo.

- **Invierte** tu tiempo en esas personas reuniéndote con ellas, respondiendo preguntas, asesorando y compartiendo tus propias experiencias de vida.

- **Incluye** a tus discípulos cuando ejerzas tu ministerio para que ellos puedan aprender viéndote. Invítalos a ayudarte y dales la oportunidad de orar por la gente, compartir testimonios o enseñar. Sacarlos de su zona de confort les ayudará a crecer.

- **Instruye** a tus discípulos a partir de la palabra de Dios. Ayúdalos a desarrollar un hábito diario de estudio bíblico y oración, y haz estudios bíblicos con ellos.

- **Intercede** por tus discípulos con regularidad. Ora por sus necesidades especiales y para que crezcan espiritualmente.

Ahora que has llegado al final de este estudio, es hora de decidir cómo ayudarás a otros creyentes a madurar en su fe cristiana. Esto podría suceder de muchas maneras. Puedes guiar a alguien a Cristo en tu escuela, tu lugar de trabajo, o mientras conversas con ellos en las redes sociales. Después de orar con ellos podrías invitarlos a hacer juntos el estudio bíblico *Vamos más profundo* o a estudiar un libro de la Biblia.

O puede que conozcas a un cristiano inmaduro o que se ha estancado y que nunca fue discipulado. Puedes invitarlo (o invitarla) a un estudio bíblico con un grupo pequeño o simplemente reunirte con ellos de manera individual una vez a la semana. También puedes planificar un estudio bíblico en línea para personas que conoces y no viven en tu área.

El discipulado relacional requiere mucho tiempo y energía, pero invertir tu vida en los demás es una de las experiencias más gratificantes de la vida. Una vez que hayas derramado tu corazón en otro hermano o hermana, y los hayas visto madurar en Cristo, crecerás en tus habilidades para liderar, tus discípulos comenzarán a ser mentores de otros, y verás cómo se desarrolla el proceso de multiplicación. Aquí es cuando la aventura cristiana se torna realmente emocionante.

VAMOS MÁS **PROFUNDO**

1. Cuando Jesús llamó a Pedro, Andrés y Juan para que fueran Sus discípulos, ¿qué dijo que les sucedería en Marcos 1:17? ¿Qué significa esto?

2. Los verdaderos discípulos no son creyentes casuales que siguen a Jesús cuando les apetece o cuando les conviene. ¿Cómo describió Jesús a un discípulo serio y comprometido en Lucas 9:23–24?

Jesús dijo que algunas cosas probarían que somos realmente Sus discípulos. Busca estas escrituras y anota las cualidades de un discípulo genuino:

3. Juan 8:31–32

4. Juan 13:34–35

5. Juan 15:8

6. Lee 1 Tesalonicenses 2:10–12. El apóstol Pablo invirtió mucho tiempo en sus discípulos en Tesalónica. ¿Cómo los instruyó y cuál fue su objetivo mientras se desenvolvió como su mentor?

____

____

7. Jesús comisionó a sus seguidores para hacer discípulos en Mateo 28:19–20. Esto es lo que llamamos la Gran Comisión. ¿Qué se espera que enseñemos a nuestros discípulos? ¿Y qué nos promete Jesús cuando hacemos discípulos?

____

____

HABLEMOS AL RESPECTO

¿Por qué es más efectivo para nosotros hacer unos pocos discípulos de calidad que concentrar toda nuestra atención en las multitudes?

Versículo para memorizar

Mi padre es glorificado en esto, que vosotros produzcáis mucho fruto, y demostréis así ser mis discípulos.

—JUAN 15:8

UNAS PALABRAS FINALES

FUI INSPIRADO a escribir este estudio bíblico después de que llevé a un hombre indio a Jesús en una tienda, en 2020. Él no tenía una Biblia, y a medida que hablábamos más, me di cuenta de que no tenía mucho conocimiento de las historias bíblicas o de los conceptos cristianos. Así que traté de resumir los principios de mi fe de la forma más sencilla posible para que él pudiera crecer espiritualmente.

Durante el proceso de escritura me di cuenta de que hay muchas personas que necesitan una explicación sencilla del cristianismo. ¡El amor de Dios por nosotros no es complicado! Espero que *Vamos más profundo* te haya resultado útil y alentador.

Ahora que has completado este estudio, te encuentras bien encaminado hacia la madurez espiritual. Pero tu aventura de conocer a Jesús apenas acaba de comenzar. Espero que compartas con otros lo que has aprendido. ¡Hay tantas maneras de hacerlo!

Puedes organizar un pequeño grupo de estudio, o simplemente reunirte regularmente con una persona y repasar cada lección de este libro. El discipulado no tiene que ocurrir dentro del edificio de una iglesia. Cuando era mentor de mi amigo indio, no sentábamos en una mesa en la parte trasera de su tienda y bebíamos café mientras leíamos la Biblia juntos. A veces incluso me situaba detrás del mostrador de la gasolinera para poder enseñarle versículos de la Biblia.

Puedes reunirte con tus discípulos durante el desayuno, en un dormitorio o biblioteca del campus, en tu casa, en el gimnasio, en una oficina, o bajo un árbol en un parque de la ciudad. También puedes reunirte en línea con las personas a través de las redes sociales y las aplicaciones de videoconferencia. Lo importante es que muestres el amor de Cristo a tus discípulos y les ayudes a crecer en el conocimiento de Dios.

Hace mucho tiempo el profeta hebreo Ezequiel tuvo una visión de un enorme río que fluía desde el templo de Jerusalén. El río comenzó como un pequeño chorrito que brotaba bajo el edificio, pero creció hasta convertirse en una corriente más ancha y profunda. Un ángel apareció y comenzó a medir la profundidad del agua, que pasó de la altura de los tobillos a la de las rodillas, luego hasta la cintura, hasta que se volvió, en palabras de Ezequiel, "demasiado profundo para atravesarlo caminando. Era lo suficientemente profundo para nadar en él, pero demasiado profundo para pasarlo a pie" (Ezequiel 47:5, NLT).

Este majestuoso río de Dios comenzó a fluir en Jerusalén, donde Jesús murió por nosotros y nos dio el regalo gratuito de la salvación. El río representa la vida del Espíritu Santo que Él ofrece a cada uno de nosotros. Puedes quedarte en las aguas poco profundas —y muchos cristianos lo hacen— pero Jesús nos llama a profundizar más. Espero que este estudio te haya inspirado a nadar hasta lo más profundo.

Cada día, tenemos la oportunidad de aventurarnos más profundamente para explorar Su bondad y permitirle que nos use para tocar a otros con Su amor. Nunca dejes de crecer espiritualmente. Y nunca dejes de llevar a otros contigo para que experimenten las profundidades del amor de Dios por nosotros.

—J. Lee Grady

Guía de respuestas
LECCIÓN 1
Perfecto y Todopoderoso: La asombrosa naturaleza del Dios verdadero

1. Él es un Padre compasivo.

2. Es el Señor Altísimo. Es el soberano y supremo Señor de todo el cielo y la tierra.

3. Él es el Señor Dios, el Todopoderoso. Su poder no tiene límites. Él está por encima de todos los demás dioses.

4. Él es el Dios eterno, lo que significa que no tiene fin. Él es también el Creador de los confines de la tierra. Él hizo todas las cosas.

5. Él es juez, legislador y Rey. Él gobierna supremamente con justicia perfecta.

6. Él es eterno (vivirá para siempre), inmortal (no tiene principio ni fin), invisible (no podemos verlo), y sabio (tiene toda la sabiduría y todo el conocimiento).

LECCIÓN 2
Él es un Padre tierno y amoroso: El asombroso carácter de Dios

1. En respuesta, daremos gracias a Dios por la forma en que nos hizo.

2. Él es misericordioso, clemente, lento para la ira, abundante en bondad amorosa y verdadero (que también significa fiel).

3. Él es un Padre compasivo que nos brinda amor y compasión, incluso cuando nos alejamos de Él o lo deshonramos. Su amor es incondicional.

4. El asombroso amor de Dios es insondablemente amplio, largo, alto y profundo, pero Él quiere que lo conozcamos plenamente.

LECCIÓN 3
Padre, Hijo y Espíritu Santo:
El maravilloso misterio de la Trinidad

1. El Espíritu Santo descendió sobre Jesús y el Padre pronunció una bendición sobre el Hijo.

2. El Padre envió al Espíritu Santo a nuestros corazones para que podamos saber que somos adoptados por Dios.

3. Jesús dijo que enviaría al Espíritu Santo y que el Espíritu procedería del Padre. El Espíritu Santo entonces testificaría acerca de Jesús.

4. Jesús fue ungido por el Espíritu Santo para poder sanar a las personas y liberarlas de los demonios.

5. El Padre nos conoce, el Espíritu Santo nos santifica (o limpia), y el Hijo, Jesucristo, nos rocía con Su sangre para perdonarnos.

LECCIÓN 4
Perdidos en la oscuridad total:
El problema de la pecaminosidad del hombre

1. La codicia, la maldad, la envidia, el homicidio, la contienda, el engaño, la malicia, el chisme, la calumnia, el odio a Dios, la insolencia, la arrogancia, la jactancia, la invención del mal, la desobediencia a los padres, la falta de entendimiento, la falta de confianza, la falta de amor, la falta de misericordia y la aprobación de personas que hacen cosas malas.

2. La intención de los pensamientos de los hombres es hacer el mal continuamente.

3. Todos los hombres se han apartado de Dios para vivir a su manera.

4. Dios vio que todos los hombres se desviaron y se corrompieron. No hay hombre que haga el bien.

LECCIÓN 5
¡Qué glorioso Salvador!: ¿Quién es Jesucristo?

1. El ángel dijo que Jesús salvaría a Su pueblo de sus pecados.

2. Jesús iba por todas partes haciendo el bien, sanando a las personas y liberándolas del poder del diablo.

3. Jesús vino a la tierra para ser el Salvador del mundo.

4. Jesús es el mediador entre Dios y los hombres. Un mediador es aquel que negocia la paz entre dos partes en conflicto.

5. Jesús abolió la muerte y nos trajo la vida y la inmortalidad.

6. Jesús es Señor y Cristo.

7. Jesús es llamado Rey de reyes y Señor de señores.

LECCIÓN 6
El milagro de la encarnación:
¿Cómo Jesús es Dios y hombre?

1. Una virgen dará a luz un niño, y se llamará Emanuel, que significa "Dios con nosotros".

2. El ángel dijo que el niño en el vientre de María había sido concebido por el Espíritu Santo y que se llamaría Jesús porque salvaría al pueblo de sus pecados.

3. El niño nacerá, y el gobierno (o el reino) descansará sobre Sus hombros. Será llamado "Maravilloso, Consejero, Dios Fuerte, Padre Eterno, [y] Príncipe de paz".

4. Aunque era Dios, se despojó a sí mismo y tomó la forma de siervo, hecho a semejanza de los hombres.

5. Jesús todavía era completamente Dios, aun cuando estaba en la semejanza de un hombre. Jesús tuvo que ser completamente Dios y completamente hombre para poder dar Su vida como sacrificio por nuestros pecados.

LECCIÓN 7
El momento más importante de la historia: ¿Cómo nos salvó Jesús en la cruz?

1. Primero Jesús pidió al Padre que apartara de él la copa del sufrimiento. Sin embargo, dijo: "Pero no lo que yo quiera, sino lo que Tú quieras". Se entregó a la difícil tarea de morir por nosotros.

2. Jesús se entregó a sí mismo por nuestros pecados para rescatarnos de esta era malvada.

3. Jesús nos reconcilió con Dios.

4. Él nos redimió con Su sangre preciosa.

5. Él obtuvo la redención eterna con Su propia sangre.

6. Él perdona nuestros pecados y nos limpia de toda maldad.

LECCIÓN 8
La muerte es vencida: El poder de la resurrección de Cristo

1. Pedro no quería que Jesús muriera. Le dijo a Jesús: "Dios no lo quiera, Señor! ¡Eso nunca te sucederá!".

2. Jesús dijo que iba a ser entregado a los jefes de los sacerdotes y que sería condenado a muerte, escarnecido, azotado y crucificado. Pero también dijo que resucitaría de entre los muertos.

3. El ángel les dijo a las mujeres que no tuvieran miedo. Les anunció: "No está aquí, porque ha resucitado, tal como dijo. Venid, ved el lugar donde yacía. Id pronto y decid a Sus discípulos que ha resucitado de entre los muertos; y he aquí Él, va delante de vosotros a Galilea, allí le veréis; he aquí, os lo he dicho".

4. Jesús le dijo a Tomás: "¿Porque me has visto, has creído? Bienaventurados los que no vieron, y sin embargo creyeron".

5. Jesús se apareció a Cefas (Pedro), luego a los otros discípulos, luego a más de quinientas personas, después a Santiago, luego a todos los apóstoles otra vez. Finalmente, Jesús se apareció a Saulo cuando iba camino a Damasco.

6. Pablo dijo: "Y si Cristo no ha resucitado, vuestra fe es vana; aún estáis en vuestros pecados". Todo lo que creemos como cristianos depende de la verdad de la resurrección.

LECCIÓN 9
Debes nacer de nuevo:
El milagro de la conversión espiritual

1. Estábamos muertos en nuestras transgresiones y pecados.

2. Debemos confesar con nuestra boca que Jesús es el Señor, y creer en nuestro corazón que Dios lo resucitó de entre los muertos.

3. Nacemos de nuevo por la semilla imperecedera de la Palabra de Dios.

4. Jesús es la fuente de la salvación. Solo en Su nombre podemos ser salvos. Debemos creer en el nombre de Jesucristo.

5. Cuando estamos en Cristo nos convertimos en nuevas criaturas. Las cosas viejas de nuestro pasado desaparecen y todo se vuelve nuevo.

6. La *Vida eterna* es conocer a Dios y a Jesucristo personalmente.

LECCIÓN 10
Sepultados con Cristo:
¿Por qué necesitamos el bautismo en agua?

1. Cuando somos bautizados, somos sepultados con Cristo en la muerte y luego resucitados de entre los muertos para que podamos caminar en una vida nueva. En el bautismo nos unimos a

Jesús en Su muerte y resurrección. Se nos recuerda que nuestro *viejo yo* ha sido crucificado con Cristo para que ya no seamos esclavos del pecado.

2. En el bautismo somos sepultados con Cristo y luego resucitados con Él. Estábamos muertos en nuestros pecados, pero en el bautismo somos vivificados juntamente con Cristo porque hemos sido perdonados de todos nuestros pecados.

3. Cuando somos bautizados en agua, somos revestidos de Cristo.

4. Aquí se nos instruye a no demorarnos en seguir a Jesús en el bautismo. El bautismo es un paso de obediencia a Dios. El bautismo es una poderosa declaración de que nuestros pecados han sido lavados.

LECCIÓN 11
El más grande de todos los libros:
¿Por qué los cristianos aprecian la Biblia?

1. Nuestros caminos serán afirmados y no seremos avergonzados.

2. Mantendremos puros nuestros caminos.

3. No pecaremos contra Dios.

4. Obtendremos entendimiento, y aborreceremos todo camino falso.

5. La Palabra de Dios será lámpara a nuestros pies y una luz para nuestros caminos. Experimentaremos la guía de Dios.

6. La palabra de Dios nos da luz y entendimiento.

7. Nuestros pasos serán firmes, y la iniquidad (el pecado) no se enseñoreará de nosotros.

8. La palabra de Dios es afilada como una espada, y puede juzgar los pensamientos y las intenciones de nuestro corazón. Esto significa que la Palabra revelará cualquier pecado en nuestras vidas para que podamos arrepentirnos y vencerlo.

9. La palabra de Dios nos enseñará, nos reprenderá, nos corregirá,

y nos entrenará en la justicia a fin de que podamos estar equipados para buenas obras.

10. No es suficiente escuchar la palabra de Dios. Debemos respetarla y obedecerla cuidadosamente.

LECCIÓN 12
La ley en nuestros corazones:
¿Por qué Dios hizo un nuevo pacto?

1. En el nuevo pacto, Dios toma la ley que nos dio y la escribe en nuestros corazones. Ya no se trata solo de fuerza de voluntad o de obediencia externa , sino de un cambio interno en nuestras corazones.

2. No nos salvamos por nuestras propias obras, sino por la gracia de Dios. Esta gracia milagrosa es un don de Dios que no merecemos.

3. Jesús condenó el pecado en la carne cuando se ofreció a sí mismo para morir por nuestros pecados.

4. Podemos acercarnos a Dios con valentía y confianza. No tenemos que avergonzarnos, porque hemos recibido la gracia de Dios.

5. Podemos acudir inmediatamente a nuestro Abogado, Jesús. Él está ahí para perdonarnos y restaurarnos si pecamos.

LECCIÓN 13
El enemigo de nuestras almas:
¿Quién es exactamente el diablo?

1. El diablo es descrito como "el príncipe de la potestad del aire, del espíritu que ahora opera en los hijos de desobediencia".

2. El diablo (que es llamado "el dios de este mundo") ciega la men-

te de los incrédulos para que no puedan ver la luz del Evangelio.

3. El diablo es llamado "asesino" y no hay verdad en él. También se le llama "mentiroso y padre de mentira".

4. El reino de Satanás es descrito como: "principados", "potestades", "gobernadores de las tinieblas de este mundo" y "huestes espirituales de maldad en las regiones celestes".

5. La armadudura completa de Dios incluye:
   - "la verdad" (que ciñe nuestros lomos como ropa interior),
   - "la coraza de justicia",
   - los zapatos de "preparación del Evangelio de la paz",
   - "el escudo de la fe",
   - "el yelmo de la salvación" y
   - "la espada del Espíritu, que es la palabra de Dios".

6. Una de las tácticas de Satanás es desviarnos de la sencillez y pureza de la devoción a Cristo.

7. Satanás es descrito como un adversario que "ronda como león rugiente", buscando devorarnos. Debemos ser de espíritu sobrio, permanecer alerta y debemos resistirle.

LECCIÓN 14
**El regalo de la vida eterna:
Lo que dice la Biblia sobre el cielo y el infierno**

1. Sabemos que tenemos vida eterna porque amamos a otros cristianos.

2. Por supuesto que aún experimentaremos una muerte natural, pero la frase "nunca moriremos" significa que tendremos vida eterna después de morir.

3. El infierno fue preparado para el diablo y sus ángeles.

4. Las personas que sufrirán el juicio eterno son "los que no co-

nocen a Dios y …los que no obedecen el Evangelio de nuestro Señor Jesús".

5. El infierno se describe como un lugar que está "lejos de la presencia del Señor y de la gloria de Su poder".

6. La gran multitud de redimidos en el cielo están de pie ante el trono de Jesús, vestidos con túnicas blancas, agitando ramas de palma y gritando alabanzas a Dios.

7. Cuando los cristianos estén ausentes de sus cuerpos, estarán en la presencia del Señor en el cielo.

8. "Sabemos que cuando Él se manifieste, seremos semejantes a Él, porque lo veremos tal como Él es".

9. En primer lugar, el Señor mismo descenderá del cielo con un grito de mando. Los muertos en Cristo resucitarán primero; entonces nosotros, los que estemos vivos y hayamos quedado, seremos arrebatados juntamente con ellos en las nubes para encontrarnos con el Señor en el aire, y así estaremos siempre con el Señor.

10. Cuando Jesús regrese a la tierra, los que estén vivos serán transformados. Recibiremos cuerpos nuevos e imperecederos. "Porque esto perecedero debe vestirse de lo incorruptible, y esto mortal debe revestirse de inmortalidad".

11. El último enemigo que será destruido es la muerte.

LECCIÓN 15
¿Por qué necesitamos la Iglesia?
Encontrando tu lugar en la familia de Dios

1. La presencia de Dios estará con nosotros, incluso cuando solo haya dos o tres personas reunidas.

2. Jesucristo es la piedra angular del edificio.

3. Los apóstoles y profetas son los cimientos del edificio. (Muchos eruditos creen que esto es una referencia a las personas que es-

cribieron el Antiguo y el Nuevo Testamento, ya que la verdad de la Biblia ciertamente es nuestro fundamento. "Apóstoles y profetas" también puede referirse a los líderes de la Iglesia).

4. La Iglesia está creciendo para ser un templo santo en el Señor.

5. Funcionamos como "un solo cuerpo" aunque estemos compuestos por muchas personas.

6. Jesús es la "cabeza del cuerpo, que es la Iglesia".

7. Amaos unos a otros con amor fraternal, dando preferencia y honor unos a otros.

8. Sed amables unos con otros, tiernos de corazón, perdonándoos unos a otros.

9. Amaos unos a otros.

10. Considerarnos los unos a los otros más importantes que nosotros mismos.

11. Revestirnos de humildad, unos con otros.

12. Animarnos unos a otros y edificarnos mutuamente.

13. Confesar nuestros pecados unos a otros, y orar unos por otros para que seamos sanados.

LECCIÓN 16
Celebremos la fiesta:
¿Por qué tomamos la cena del Señor?

1. Jesús dijo que debíamos participar juntos de esta celebración "todas las veces que la bebiéramos". En otras palabras, no especificó una frecuencia.

2. Cuando tomamos la cena del Señor, proclamamos la muerte del Señor hasta que Él venga. En otras palabras, estamos predicando el Evangelio de salvación en Cristo.

3. El versículo 28 dice: "Pero cada uno debe examinarse a sí mismo, y al hacerlo debe comer del pan y beber de la copa". Antes de participar de la cena debemos examinar nuestro corazón,

arrepentirnos de cualquier pecado conocido, y acercarnos a la mesa del Señor con reverencia.

4. Jesús prometió a los que comieran el "pan bajado del cielo" que vivirán para siempre.

LECCIÓN 17
**Viviendo rebosantes:
¿Cómo ser llenos del Espíritu Santo?**

1. Jesús comparó al Espíritu Santo con "ríos de agua viva".

2. Jesús dijo que Sus seguidores echarían fuera demonios en Su nombre, hablarían nuevas lenguas, agarrarían serpientes o beberían veneno mortal y no les haría daño, e impondrían las manos sobre los enfermos y los verían recuperarse.

3. Jesús dijo que Sus discípulos serían "bautizados con el Espíritu Santo".

4. Los discípulos "comenzaron a hablar la palabra de Dios con denuedo".

5. El Espíritu Santo cayó sobre los creyentes gentiles. Comenzaron a hablar en lenguas y a exaltar a Dios.

6. Pablo no se apoyó en palabras persuasivas de sabiduría humana, sino en la demostración del Espíritu Santo y de poder.

7. Debemos permanecer llenos del Espíritu Santo.

LECCIÓN 18
**Volviéndonos amigos de Jesús:
¿Cómo buscar la intimidad con el Señor?**

1. Debemos amar al Señor con todo nuestro corazón y con toda nuestra alma y con toda nuestra mente y con todas nuestras fuerzas.

2. La vida eterna es conocer a Dios y a Jesucristo. El propósito de

la vida es tener una relación con Dios.

3. David tenía sed de Dios. Su alma y su carne anhelaban a Dios.

4. Amamos a Dios porque Él nos amó primero. Él inició esta relación.

5. Dios nos escuchará cuando oremos, y lo encontraremos cuando lo busquemos con todo nuestro corazón.

6. Él vendrá a nosotros como la lluvia, igual que la lluvia de primavera que riega la tierra.

LECCIÓN 19
**Por eso cantamos:
Cultivando una vida de adoración**

1. Canta al Señor.

2. Grita con alegría al Señor

3. Aplaudir.

4. Inclinarse ante el Señor en reverencia.

5. Arrodillarse ante el Señor.

6. Danza ante el Señor.

7. Debemos buscar fervientemente a Dios y tener sed espiritual de Su presencia.

8. Debemos alabarle mientras vivamos. La alabanza y la adoración deben ser una experiencia para toda la vida.

9. Debemos bendecir al Señor "en todo tiempo" y "continuamente".

10. Los santos en el cielo están declarando: "¡Aleluya! Porque el Señor nuestro Dios, el Todopoderoso, reina".

LECCIÓN 20
Peleando la buena batalla:
¿Cómo resistir la tentación?

1. Ahora estamos sentados con Cristo en los lugares celestiales.

2. La ley del espíritu de vida en Cristo Jesús nos ha librado de la ley del pecado y de la muerte.

3. Dios promete proveer la vía de escape de la tentación para que podamos soportarla.

4. Somos tentados cuando nos dejamos atraer y seducir por nuestra propia concupiscencia.

5. Jesús le dijo al diablo: "Escrito está". Le citó la palabra de Dios al diablo.

6. Si andamos por el Espíritu, no cumpliremos los deseos de la carne.

7. Los que pertenecen a Cristo Jesús han crucificado la carne con sus pasiones y deseos.

LECCIÓN 21
El Dios que nos escucha:
Descubre el poder de la oración

1. Como el juez de la parábola, Dios responde a la persistencia. Él nos responderá si continuamos orando día y noche. No debemos dejar de orar solo porque no obtenemos una respuesta instantánea.

2. Jesús prometió que si seguimos pidiendo, Él responderá; si seguimos buscando, encontraremos; y si seguimos llamando, Él abrirá la puerta.

3. Jabes oró: "Oh que en verdad me bendigas y ensanches mi frontera, y que Tu mano esté conmigo, y que me guardes del mal, para que no me duela!".

4. El apóstol Pablo dice que debemos mantenernos "dedicados a la oración". Algunas traducciones dicen: "constantes en la oración". Cuando oramos, ¡no nos damos por vencidos!

5. Cuando no sabemos cómo orar, el Espíritu Santo intercede por nosotros con gemidos demasiado profundos para las palabras. Eso significa que el Espíritu ora dentro de nosotros.

6. Jesús prometió que si dos de nosotros nos ponemos de acuerdo en la tierra sobre cualquier cosa que pidamos, nos será hecha por el Padre.

LECCIÓN 22
Viviendo en lo sobrenatural:
Experimenta los dones del Espíritu Santo

1. Todos los dones del Espíritu Santo son para "el bien común" de la Iglesia.

2. Pablo le dijo a Timoteo que no descuidara los dones espirituales que había recibido.

3. Los dones espirituales mencionados en Romanos 12:6–8 son:

   - Profecía,
   - Servicio,
   - Enseñanza
   - Exhortación,
   - Dar,
   - Liderazgo y
   - Misericordia.

4. Se alegraba de hablar en lenguas en privado, pero en la iglesia dijo que prefería "hablar cinco palabras con mi entendimiento a fin de instruir también a otros, antes que diez mil palabras en otra lengua".

5. Pablo dijo que el amor era más importante que las profecías, las lenguas, el conocimiento, la generosidad con los pobres, o incluso el martirio.

LECCIÓN 23
Estás en construcción:
¿Cómo Dios nos cambia desde adentro?

1. El Espíritu Santo es el responsable de este proceso de transformación.

2. El *nuevo yo* es "a semejanza de Dios" y "ha sido creado en la justicia y santidad de la verdad".

3. Dios promete que Él "purificará a los hijos de Leví y los refinará como a oro y plata, para que presenten al Señor ofrendas en justicia".

4. Podremos probar cuál es la voluntad de Dios —que es buena, agradable y perfecta—.

LECCIÓN 24
Extrayendo la verdad divina:
¿Cómo estudiar la Biblia?

1. Pablo dijo que la Palabra de Dios no puede ser encarcelada. Otras traducciones dicen "encadenada". Nada puede detener la propagación de la palabra de Dios.

2. Pablo dijo que debían prestar atención a la lectura pública de la Escrituras. Esto pasó en una época en que la gente no tenía sus propias Biblias, como sí ocurre hoy.

3. Esdras "dispuso su corazón a estudiar la ley del Señor y a practicarla, y a enseñar sus estatutos y ordenanzas en Israel".

4. Si aceptamos los dichos de la Biblia, tendremos larga vida, nuestros pasos no serán estorbados, no tropezaremos, y la instrucción de Dios nos guardará.

LECCIÓN 25
Nuestra travesía por el desierto: Permaneciendo fuertes en pruebas y tribulaciones

1. No debemos sorprendernos de estar pasando por pruebas, sino que debemos seguir regocijándonos.

2. Pedro dijo que después de haber sufrido por un poco de tiempo "el Dios de toda gracia, que os llamó a Su gloria eterna en Cristo, Él mismo os perfeccionará, confirmará, fortalecerá y establecerá".

3. Nuestros sufrimientos producen perseverancia, que produce carácter probado, que a su vez produce esperanza.

4. En el día de la angustia, David dijo: "Él me esconderá en Su tabernáculo; en lo secreto de su tienda me ocultará; sobre una roca me levantará. Y ahora mi cabeza se alzará por encima de mis enemigos que me rodean".

5. Cuando enfrentaba dificultades, David lanzaba gritos de alegría y cantaba.

6. Cuando sufrimos, dijo Pedro, debemos confiar nuestras almas a un Creador fiel para hacer lo correcto.

7. Debemos considerar con sumo gozo cuando afrontemos pruebas. Estas pruebas producirán perseverancia en nuestras vidas.

LECCIÓN 26
La misión global de Dios: ¿Por qué debemos difundir el Evangelio?

1. Dios no quiere que nadie perezca. Quiere que todos vengan al arrepentimiento.

2. Los discípulos recibieron audacia para predicar la Palabra.

3. Pablo estaba "predicando el reino de Dios y enseñando acerca del Señor Jesucristo, con toda franqueza, sin restricción".

4. No debemos avergonzarnos del Evangelio.

5. Pablo describe nuestro trabajo como el de un embajador. Y se supone que debemos decir a la gente: "Te rogamos en el nombre de Cristo, reconcíliate con Dios".

6. Pablo le dijo a Timoteo que Dios no nos ha dado un espíritu de timidez. Por lo tanto, desafió a Timoteo a no avergonzarse del Señor y a estar dispuesto a sufrir por el Evangelio.

LECCIÓN 27
Rompe todas las cadenas:
¿Cómo liberarse del pasado?

1. La bondad de Dios nos lleva al arrepentimiento.

2. Estamos llamados a ser santos, porque Dios es santo.

3. Debemos "limpiarnos de toda contaminación de carne y espíritu".

4. Debemos orar: "Examíname, Oh Dios, y conoce mi corazón; pruébame y conoce mis pensamientos ansiosos; y ve si hay en mí algún camino perverso, y guíame por el camino eterno".

5. Para agradar a Dios, debemos presentar nuestros cuerpos como sacrificios vivos y santos, agradables a Dios, que es nuestro servicio espiritual de adoración. Y no debemos conformarnos a este mundo, sino ser transformados por la renovación de nuestra mente.

6. "Si confesamos nuestros pecados… [el Señor] es fiel y justo para perdonar nuestros pecados y limpiarnos de toda maldad".

7. Si confesamos nuestros pecados unos a otros, seremos sanados.

LECCIÓN 28
Escuchando la voz de Dios:
¿ Cómo Dios nos guía en forma sobrenatural?

1. En verdes pastos me hará descansar, junto a aguas tranquilas me conducirá, restaurará mi alma y me guiará por sendas de justicia.

2. Debemos tener una buena disposición, una actitud sumisa, y obediente —no como un caballo o una mula rebeldes que requieren freno y brida—.

3. Debemos confiar en el Señor, no depender de nuestro propio entendimiento y buscar la voluntad de Dios.

4. Saúl fue infiel porque no obedeció la palabra de Dios, y buscó la guía de un médium, en lugar de buscar al Señor.

5. Si nos falta sabiduría, debemos pedírsela a Dios, y Él nos la dará generosamente.

LECCIÓN 29
Hombre y mujer los hizo:
El plan de Dios para el matrimonio y la familia

1. El matrimonio debe ser honroso entre todos, y el lecho conyugal debe ser inmaculado. Dios dice que juzgará a los fornicarios y adúlteros.

2. Dios dice que este tipo de personas no heredarán Su reino si no se arrepienten de su comportamiento:
   - Fornicarios
   - Idólatras
   - Adúlteros
   - Afeminados
   - Homosexuales
   - Ladrones
   - Gente codiciosa
   - Borrachos
   - Injuriadores
   - Estafadores

3. Fueron "lavados" "santificados" y "justificados" porque llegaron a conocer a Cristo. Es posible ser perdonado y limpiado de estos pecados.

4. Cuando nos enfrentamos a la tentación sexual, debemos "huir de la inmoralidad". Esto significa escapar rápidamente de ella.

5. Debemos huir de la inmoralidad porque el pecado sexual es un pecado contra nuestro propio cuerpo.

6. La voluntad de Dios para nosotros es vivir vidas santificadas y abstenernos de comportamientos inmorales.

7. Dios no nos ha llamado a la impureza sexual sino a la santificación.

8. Debemos crucificar nuestra carne con sus pasiones y deseos.

LECCIÓN 30
Bendecidos para multiplicar:
¿Cómo convertirse en un hacedor de discípulos?

1. Jesús dijo a Pedro, Andrés y Juan: "Seguidme, y os haré pescadores de hombres". Esto significa que Él los usaría para influenciar a muchas personas con la Palabra del Señor, a través del evangelismo y el discipulado.

2. Un verdadero discípulo debe negarse a sí mismo, tomar su cruz, seguir a Jesús, y estar dispuesto a perder su vida. El discipulado requiere un compromiso radical.

3. Seremos discípulos de Jesús si continuamos en Su palabra.

4. Seremos discípulos de Jesús si nos amamos los unos a los otros.

5. Seremos discípulos de Jesús si damos mucho fruto.

6. Pablo exhortó, alentó e imploró a sus discípulos en Tesalónica como un padre lo haría con sus propios hijos, y su objetivo era que ellos "anduviesen de una manera digna del Dios que los llamaba a su propio reino y gloria".

7. Debemos enseñar a nuestros discípulos a observar todo lo que Jesús mandó. Entonces Jesús prometió que estaría con nosotros hasta el fin del mundo.

NOTAS

LECCIÓN 1

1. Andrew Janiak, ed., *Isaac Newton: Philosophical Writings* (Cambridge, UK: Cambridge University Press, 2014), 111.

2. "What is the Meaning of the Divine Name Yahweh?," NIV, acceso: enero 21, 2022, https://www.thenivbible.com/blog/what-does-yahweh-mean-in-the-bible/.

LECCIÓN 3

1. "The Nicene Creed," Anglicans Online, acceso: enero 20, 2022, http://anglicansonline.org/basics/nicene.html.

2. C. S. Lewis, *Mere Christianity* (New York: HarperCollins, 2012), 162.

3. A. W. Tozer, *The Knowledge of the Holy* (San Francisco: HarperOne, 1978).

LECCIÓN 4

1. Charles H. Spurgeon, *The Metropolitan Tabernacle Pulpit: Sermons Preached and Revised by C. H. Spurgeon in the Year 1875, vol. XXI* (London: Passmore & Alabaster, 1876), 365.

LECCIÓN 6

1. Blue Letter Bible, s.v. *"skēnoō,"* acceso: enero 4, 2022, https://www.blueletterbible.org/lexicon/g4637/kjv/tr/0-1/.

2. "Jefferson's Religious Beliefs," The Jefferson Monticello, acceso: enero 20, 2022, https://www.monticello.org/site/re-

search-and-collections/ jeffersons-religious-beliefs.

3. Blue Letter Bible, s.v. *"episkiazō,"* acceso: enero 4, 2022, https:// www.blueletterbible.org/lexicon/g1982/kjv/tr/0-1/.

4. R. T. Kendall, "The Stigma of Jesus' Virgin Birth," Charisma News, Diciembre 24, 2013, https://www.charismanews.com/ opinion/42208-the-stigma-of-jesus-s-virgin-birth?showall=1.

5. "The Nicene Creed," Anglicans Online, acceso: enero 20, 2022, http://anglicansonline.org/basics/nicene.html.

L
LECCIÓN 7

1. *American Dictionary of the English Language*, s.v. "redemption," acceso: enero 4, 2022, http://www.webstersdictionary1828. com/Dictionary/ redemption.

2. Laura Geggel, "Jesus Wasn't the Only Man to Be Crucified. Here's the History Behind This Brutal Practice," *Live Science*, Abril 19, 2019, https://www.livescience.com/65283-crucifixion-history.html.

3. Matteo Bevilacqua, Giulio Fanti, and Michele D'Arienzo, "The Causes of Jesus' Death in the Light of the Holy Bible and the Turin Shroud," *Open Journal of Trauma* 1, no. 2 (Abril 11, 2017): 37–46, https://doi.org/10.17352/ojt.000009.

4. Cahleen Shrier, PhD, "The Science of the Cross," Azusa Pacific University, acceso: enero 20, 2022, https://www.apu.edu/articles/the-science-of- the-crucifixion/.

LECCIÓN 8

1. Parte de este material fue resumido del artículo de Josh McDowell, "Evidence for the Resurrection," Josh McDowell: A Cru Ministry, acceso: enero 20, 2022, https://www.josh.org/wp-content/uploads/Evidence-For- The-Resurrection.pdf.

2. Randy Alcorn, "The Evidence for Christ's Resurrection," Eternal Perspectives Ministries, Abril 3, 2021, https://www.epm.org/blog/2021/Apr/3/evidence-christs-resurrection.

3. John Ankerberg y John Weldon, *Handbook of Biblical Evidences* (Eugene, OR: Harvest House Publishers, 2008), 101.

4. "Adrian Rogers," AZ Quotes, acceso: enero 20, 2022, https://www.azquotes.com/quote/896387.

LECCIÓN 9

1. Blue Letter Bible, s.v. "*kēphas*," acceso: enero 4, 2022, https://www.blueletterbible.org/lexicon/g2786/kjv/tr/0-1/.

LECCIÓN 11

1. Lawrence R. Farley, *The Gospel of Matthew: The Torah for the Church*

2. (Chesterton, IN: Conciliar Press, 2009).

3. "Latest Bible Translation Statistics," Wycliffe Bible Translators, acceso: enero 11, 2022, https://www.wycliffe.org.uk/about/our-impact/.

4. "Best-Selling Book," Guinness World Records, acceso: enero 20, 2022, https://www.guinnessworldrecords.com/world-records/best-selling-book-of-non-fiction.

LECCIÓN 12

1. *Merriam-Webster*, s.v. "anno Domini," acceso: enero 4, 2022, https://www.merriam-webster.com/dictionary/anno%20Domini.

LECCIÓN 14

1. Randy Alcorn, *Life Promises for Eternity* (Carol Stream, IL: TyndaleHouse, 2012), 193.

LECCIÓN 15

1. Bible Study Tools, s.v. *"ekklesia,"* acceso: enero 20, 2022, https://www.biblestudytools.com/lexicons/greek/nas/ekklesia.html.

2. Blue Letter Bible, s.v. *"koinōnia,"* acceso: enero 4, 2022, https://www.blueletterbible.org/lexicon/g2842/kjv/tr/0-1/.

LECCIÓN 16

1. Bible Study Tools, s.v. *"eucharistia,"* acceso: enero 20, 2022, https:// www.biblestudytools.com/lexicons/greek/nas/eucharistia.html.

LECCIÓN 18

1. Bible Study Tools, s.v. *"koinonia,"* acceso: enero 20, 2022, https://www. biblestudytools.com/lexicons/greek/nas/koinonia.html.

2. "St. Augustine of Hippo," *Catholic Digest*, acceso: Septiembre 28, 2020, https://www.catholicdigest.com/amp/from-the-magazine/quiet-moment/ st-augustine-of-hippo-to-fall-in-love-with-god/.

LECCIÓN 19

1. John Wesley, QuoteFancy, acceso: enero 17, 2022, https://quotefancy. com/quote/1464625/John-Wesley-Sing-lustily-and-with-a-good-courage-Beware-of-singing-as-if-you-were-half.

LECCIÓN 20

1. "130 Prince Quotes That Reign Over Creativity & Music," Quote Ambition, acceso: enero 20, 2022, https://www.quoteambition.com/prince-quotes/.

2. "Oscar Wilde Quotes," Goodreads, acceso: enero 20, 2022, https://www. goodreads.com/quotes/363232-the-only-way-to-get-rid-of-temptation-is-to.

3. "Mae West," BrainyQuote, acceso: enero 17, 2022, https://www.brainyquote.com/quotes/mae_west_130791.

LECCIÓN 22

1. "Corrie ten Boom," AZ Quotes, acceso: enero 17, 2022, https://www.azquotes.com/quote/367527.

2. "Martin Luther Quotes," BrainyQuote, acceso: enero 17, 2022, https:// www.brainyquote.com/quotes/martin_luther_385793.

LECCIÓN 23

1. "Nehemiah 1:1," NASB Study Bible (Grand Rapids, MI: ZondervanPublishing House, 1999), 655.

2. Bible Study Tools, s.v. "*paraclete*," acceso: enero 20, 2022, https:// www.biblestudytools.com/dictionary/paraclete/.

3. Bible Tools, s.v. "*anakainosis*," acceso: enero 20, 2022, https:// www. bibletools.org/index.cfm/fuseaction/Lexicon.show/ID/ G342/anakainosis. htm.

4. "Dietrich Bonhoeffer Quotes," Goodreads, acceso: enero 18, 2022, https://www.goodreads.com/quotes/570188-fruit-is-always-the-miraculous- the-created-it-is-never.

5. *Merriam-Webster*, s.v. "consecration," acceso: enero 20, 2022, https://www.merriam-webster.com/dictionary/consecrate.

LECCIÓN 24

1. "How Was the Bible Distributed Before the Printing Press Was Invented in 1455?," Biblica, acceso: enero 20, 2022, https://

www.biblica.com/ resources/bible-faqs/how-was-the-bible-distributed-before-the-printing- press-was-invented-in-1455/.

2. "Latest Bible Translation Statistics," Wycliffe Bible Translators, acceso: enero 18, 2022, https://www.wycliffe.org.uk/about/our-impact/.

3. Charles Spurgeon, *The Complete Works of C. H. Spurgeon*, vol. 35 (Harrington, DE: Delmarva Publications, 2015), sermón 2084.

LECCIÓN 25

1. Merlin Carothers, *Prison to Praise* (Alachua, FL: Logos International,1970).

LECCIÓN 26

1. "Historical Estimates of World Population," US Census Bureau, acceso: enero 20, 2022, https://www.census.gov/data/tables/time-series/demo/ international-programs/historical-est-worldpop.html.

2. Zach Dawes Jr., "Christian Percentage of Global Population to Increase," Good Faith Media, enero 11, 2021, https://goodfaithmedia.org/christian- percentage-of-global-population-to-increase/.

3. "Charles Spurgeon," AZ Quotes, acceso: enero 20, 2022, https://www.azquotes.com/quote/544838.

4. Quoted in Samuel Ashton Keen, *Pentecostal Papers or, The Gift of the HolyGhost* (Cincinnati: Cranston & Curts, 1895), 72.

LECCIÓN 27

1. "Charles Spurgeon Quotes," AZ Quotes, acceso: enero 19, 2022, https://www.azquotes.com/quote/868178.

LECCIÓN 29

1. The bulleted material was summarized or sourced from Tim Challies, "3 Awful Features of Roman Sexual Morality," *Challies* (blog), Octubre 17, 2016, https://www.challies.com/articles/3-awful-features-of-roman-sexual- morality/.

2. Carmen Niethammer, "Cracking the $150 Billion Business of Human Trafficking," *Forbes*, Febrero 2, 2020, https://www.forbes.com/sites/ carmenniethammer/2020/02/02/cracking-the-150-billion-business-of- human-trafficking/?sh=7ddaea194142.

Acerca del autor

J. Lee Grady sirvió durante años como periodista cristiano antes de convertirse en ministro itinerante a tiempo completo. Trabajó en la revista *Charisma* de 1992 a 2010 y se desempeñó como editor durante once de esos años. En 2000 fundó el Proyecto Mardoqueo, una organización humanitaria internacional dedicada a ayudar a mujeres y niñas que sufren diversas formas de abuso y opresión. En la actualidad el Proyecto Mardoqueo patrocina proyectos en América Latina, África y Asia para llevar la sanidad de Jesucristo a quienes sufren la discriminación y violencia de género. La labor misionera de Grady lo ha llevado a treinta y seis países. Obtenga más información visitando: themordecaiproject.org.

Entre los libros anteriores de Grady se encuentran: *10 Mentiras que la Iglesia le Dice a las Mujeres*; *La Verdad Libera a las Mujeres*; *10 Mentiras que los Hombres Creen*; *Hijas Intrépidas de la Biblia*; *El Espíritu Santo No está en Venta*; y *Pon mi corazón en llamas* —un estudio bíblico sobre el Espíritu Santo—. También escribe la columna semanal: "Fuego en mis Huesos", leída por miles de suscriptores de *Charisma*. Puede acceder a ella de forma gratuita en: fireinmybones.com.

Desde 2010 Grady ha seguido una directriz especial en el sentido de formar y guiar a los jóvenes adultos y a los líderes ministeriales emergentes. Lo hace a través de retiros regionales

de Bold Venture para hombres y mujeres así como a través de tutorías individuales. El presente libro y *Sígueme*, son resultado directo de su ministerio de discipulado. Puede saber más acerca de Grady en leegrady.com.

Si desea obtener más información sobre el Proyecto Mardoqueo o cualquiera de los ministerios de Grady, envíe un correo electrónico a themordecaiproject@gmail.com o escriba a:

The Mordecai Project / Bold Venture MinistriesPO Box 2781
LaGrange, GA 30241

www.ingramcontent.com/pod-product-compliance
Lightning Source LLC
Chambersburg PA
CBHW071559150726
48000CB00004B/1529